KRISTINA MÜLLER

FREIHEIT
AUF
ZEIT

WELTUMSEGLER
ERZÄHLEN

DELIUS KLASING VERLAG

Trudele durch die Welt, sie ist so schön.

Gib dich ihr hin und sie wird sich dir hingeben.

Kurt Tucholsky

Inhalt

Ein letztes großes Abenteuer

Jede Weltumsegelung ist eine Liebesgeschichte. Sie erzählt von Männern und Meeren, von Frauen und Freiheit. Und von der Verwirklichung lang gehegter Träume. Vor diesen Geschichten sei gewarnt. Sie können akutes Fernweh auslösen und Reisefieber verursachen, bis hin zu dem drängenden Verlangen, jetzt gleich und hier alles stehen und liegen zu lassen, auf ein Boot zu steigen und davonzusegeln. Als Gegenmittel helfen vorübergehend nur das Stöbern in Gebrauchtbootanzeigen und das Verteilen von Kreuzchen auf dem Globus.

Zwölf Reisen deutscher Weltumsegler zeichnet dieses Buch nach, basierend auf zwölf Interviews mit Paaren, Soloseglern und einer Familie. Zwölf Träume, zwölf Entscheidungen des Loslassens, zwölfmal vollkommene Freiheit. Aber auch: Stürme, Kenterungen, Schlafmangel, leere Kassen und Bürokratie.

All diese Weltumsegelungen haben Menschen wie Sie und ich unternommen: keine Profisegler, keine Rekordjäger, keine Superreichen. Keine bärtigen »Salzbuckel«, keine Adrenalinjunkies. Sie alle teilen die Leidenschaft des Langfahrtsegelns, ohne dass sie zwangsläufig am Meer aufgewachsen, geschweige denn von klein auf Segler sind. Und sie alle haben vorgemacht, dass verdammt viel möglich ist, wenn man nur will.

Ähnlich, oft gar identisch, waren ihre Gründe, loszusegeln. Eines der »letzten großen Abenteuer« wollte Lars Winkelmann erleben. Die Welt zu sehen oder einfach mal weg zu sein sind weitere Motive, die regelmäßig auftauchen. Und dennoch hätten die folgenden Reisen und die Voraussetzungen dafür verschiedener kaum sein können. Genau das war der Grund, warum ich sie auswählte.

Von A bis Z durchgeplant und schnell wieder vorbei (zumindest aus Weltumsegler-Perspektive) war die Tour von Birgit und Uwe Strüwing. Sie schlossen sich einer Rallye um den Globus an. Gefühlt endlos ließen sich dagegen Ingrid und Jürgen Mohns über die Weltmeere treiben. An ihre große Runde hängten sie gleich eine zweite dran. Erst nach über zwei Jahrzehnten liefen sie wieder im Heimathafen ein.

Martin Finkbeiner zog als Mittzwanziger los, hungrig nach Abenteuern. Auf die Rente warten? Nein, danke. Auch andere wollten das nicht: Familie Winkelmann zum Beispiel, die sich von der Schulpflicht in Deutschland nicht abschrecken ließ und mit kleinen Kindern aufbrach. Oder Tatjana Hartmann und Thomas Witt: Sie kündigte, sein Chef genehmigte Urlaub, und sie waren fortan nicht mehr gesehen … So hätte die Geschichte zumindest weitergehen können, wäre es nach den beiden Seglern gegangen. Glücklicherweise wurden sie wiedergesehen. Doch die Abgeschiedenheit mancher Ankerplätze, das Fehlen von Zwängen und das langsame Leben an Bord hinterließen den nachhaltigen Gedanken an den ganz großen Ausstieg.

Dr. Michael Leppert ist diesen Schritt längst gegangen. Seine Weltumsegelung mit ärztlicher Mission ist (noch) nicht vollendet, sie wird es vielleicht niemals sein. Der Pazifik hält ihn fest, seit bald einem Jahrzehnt. Zum Geschäftsmodell hingegen hat Wolfgang Weber das Weltumsegeln ausgebaut: Als Gastgeber reiste er auf seiner Yacht um den Globus. Nicht einmal, gleich zweimal. Mit großem Erfolg.

Nicht allen Reisenden war Fortuna so wohlgesonnen. Eine der Weltumsegelungen endete dramatisch, eine andere löste Zweifel aus. Dies sind jedoch die Ausnahmen, der Großteil der Rückkehrer wäre am liebsten gleich wieder losgesegelt. Oder gar nicht erst zurückgekehrt. Gerade die jüngeren Crews wären wohl heute noch unterwegs, hätten leere Bordkassen sie nicht irgendwann in die Heimat geschickt.

Heimliche Hauptdarsteller der Geschichten sind die Segelyachten. Sie wurden zum Zuhause und zu Reisegefährten der Segler. Manche sind klein, alt und aus rostendem Stahl. Andere, wie die SCHÜSSEL von Christine und Herbert Graßhoff, brandneu und nach den Wünschen der Eigner in modernster Machart gebaut. Heinz Solka schweißte die Platten seines ersten Schiffes eigenhändig zusammen, das zweite konstruierte er selbst und spendierte ihm sogar eine Fahrt auf dem Frachtschiff. Renate und Dieter Heller brachen mit einem schmucken Klassiker zur Weltreise auf, einem Schiff mit hohem, pflegeintensivem Holzanteil.

Schließlich unterscheiden sich die Weltumsegelungen dieses Buches durch die gesegelten Routen, den »Fahrplan«. Viele führen entlang der Barfußroute, geschoben vom Passatwind. Doch nicht wenige Segler entfernten sich vom Strom, reisten abseits der Segelhighways: zu den abgelegenen Inseln des Nordpazifiks, auf Flüssen und Kanälen in Europa und Amerika, in den hohen Norden und tiefen Süden dieses Planeten. Zum Mythos Kap Hoorn und weiter.

Sie halten keinen Ratgeber für angehende Blauwassersegler in den Händen. Dennoch konnte ich es nicht lassen, die Weltumsegler um ihre besten Tipps, Tricks, Anekdoten und technischen Angaben zu ihrem Schiff zu bitten. Sie finden sich am Ende jedes Kapitels und vermitteln gemeinsam mit den Kurzporträts einen kompakten Eindruck davon, worauf es bei dem Unterfangen Weltumsegelung ankommt.

Was die Protagonisten der folgenden Seiten wohl erzählen würden, säßen sie alle in einer lockeren Runde versammelt? Vielleicht ginge es um die optimale Ausrüstung, die schönsten Ankerbuchten – oder um die Fragen, die ich ihnen gestellt habe: In welchem Moment war klar, dass ihr um die Welt segeln wollt? Was werdet ihr nie vergessen? Und wie war es, wieder zurückzukehren?

Für einige Stunden laden sie uns zu sich an Bord ein, um noch einmal, zwischen Seekarten und Konservendosen sitzend, zu planen und zu träumen, die Welt achteraus zu lassen und irgendwann wieder anzukommen.

Vielen Dank euch Weltumseglern. Für die Offenheit, mit der ihr über den Törn eures Lebens und den Weg dorthin berichtet habt – in Kajüten, Kaminzimmern, Kneipen oder über eine brüchige Skype-Verbindung. Ein Hoch auf eure Abenteuerlust, dank der zwischen den folgenden Zeilen die Erfahrung aus einer halben Million Meilen und rund 100 Jahren auf See fließt.

Kristina Müller, Hamburg 2017

Tatjana Hartmann und Thomas Witt mit SY BREAKPOINT, *Mai 2004 bis Oktober 2009, Lübeck–Lübeck, 42.200 Seemeilen, 1984 Tage*

1 Durchatmen am Ende der Welt

Kap Hoorn und weiter: Tatjana Hartmann und Thomas Witt und ihr Traumtörn in eisige Breiten

Thomas Witt, kurz Tom genannt, träumt davon, um die Welt zu segeln, ohne je einen Fuß auf ein Segelboot gesetzt zu haben. Er malt sich Kap Hoorn aus, den Ort, der mehr als jeder andere von Stürmen erzählt, von Schiffbruch und Abgeschiedenheit. Aber auch von Freiheit, grandioser Natur und Abenteuer. Von den Dingen eben, die der Meeresbiologe sein Leben lang gesucht hat. 1986 reist er mit dem VW Bus durch Afrika, arbeitet später als Tauchlehrer an entlegenen Winkeln der Welt. Für die Reise seiner Träume braucht er ein Schiff – und verliebt sich in die gutmütigen Aluminiumbauten aus der Feder Kurt Reinkes. Und schließlich in Tatjana Hartmann, die – welch Glück – segeln kann.

Hohe Breiten mit tiefen Temperaturen

Es bedarf keiner großen Überredungskunst, um Tatjana für seine Idee von der langen Reise zu begeistern. Zusammen suchen sie ein Schiff und finden in Emden eine Reinke 13M. Die Eisver-

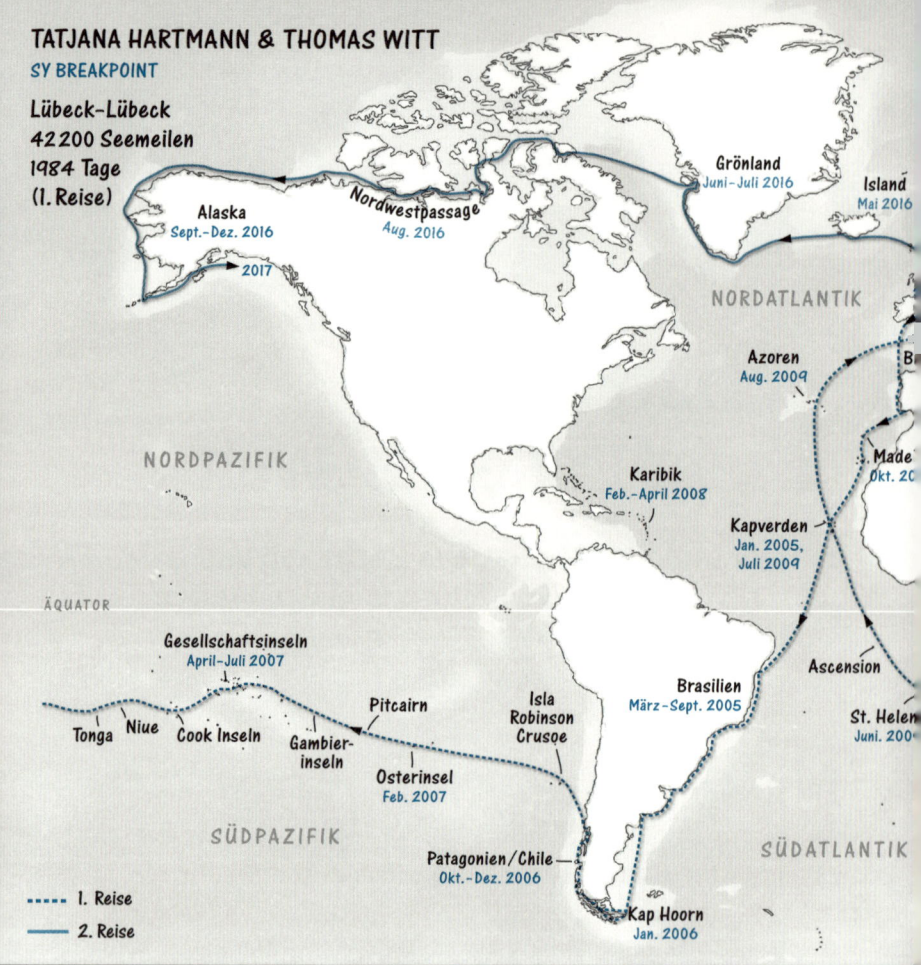

TATJANA HARTMANN & THOMAS WITT

SY BREAKPOINT

Lübeck–Lübeck
42200 Seemeilen
1984 Tage
(1. Reise)

Grönland
Juni–Juli 2016

Island
Mai 2016

Nordwestpassage
Aug. 2016

Alaska
Sept.–Dez. 2016

2017

NORDATLANTIK

NORDPAZIFIK

Azoren
Aug. 2009

B

Made
Okt. 2C

Karibik
Feb.–April 2008

Kapverden
Jan. 2005,
Juli 2009

ÄQUATOR

Gesellschaftsinseln
April–Juli 2007

Pitcairn

Isla
Robinson
Crusoe

Brasilien
März–Sept. 2005

Ascension

Tonga Niue Cook Inseln

Gambier-
inseln

Osterinsel
Feb. 2007

St. Helen
Juni 200

SÜDPAZIFIK

Patagonien/Chile
Okt.–Dez. 2006

SÜDATLANTIK

····· 1. Reise
——— 2. Reise

Kap Hoorn
Jan. 2006

sion, mit Schotten und verstärkter Bodenplatte. Gerade fertig
gebaut und von den Eignern nahezu perfekt für eben den Zweck
ausgerüstet, der im Kopf des Paares spukt: weltweite Fahrt, in
die hohen Breiten mit den niedrigen Temperaturen. Wie es der
Zufall will, vereiteln Hund, Kind und Krankheit, dass die stolzen
Erbauer selbst mit dem Schiff aufbrechen können. Ihr erster und
einziger Törn ist der Testschlag mit Tatjana und Tom, bei dem
der Funke endgültig überspringt. Tom verkauft einen Teil seines
geerbten Grundstücks, um das Schiff zu kaufen. Eine Win-win-

Situation, denn die Erbauer sind froh, dass wenigstens die Yacht die große Reise antreten wird.

Ihre BREAKPOINT legen die neuen Besitzer an einen Abschnitt der Trave, den Besucher nur finden, wenn sie ihr Ziel kennen. »Dort konnten wir auch sonntags flexen«, lacht Tatjana. In den folgenden vier Jahren verbringen die Hamburger jede freie Minute an Bord. Segeln, schrauben, planen. Sie arbeiten und legen jeden Euro, der nicht ins Schiff fließt, zur Seite. Kein Kino, kein Essengehen, keine neuen Klamotten. Im Alltag treffen sie die nötigen

Vorbereitungen: Tom, der im Vertrieb eines Energieversorgungsunternehmens arbeitet, kann einen fünfjährigen unbezahlten Urlaub durchsetzen. Tatjana kündigt. Als Fachkrankenschwester für Anästhesie hat sie keine Sorge, später wieder eine Stelle zu finden. So bekommt der Plan vom Ausstieg auf Zeit konkrete Züge: Fünf Jahre, sie wollen nach Patagonien, in die chilenischen Gletscherkanäle. Rund Kap Hoorn. Danach? »Das war alles offen.«

Stürmischer Start

Disziplin und Tatendrang ermöglichen es dem Paar, im Mai 2004 den Liegeplatz an der Trave zu verlassen – nicht ohne zuvor zu heiraten. Tatjana ist 36, Tom 44 Jahre alt. Es werden stürmische Flitterwochen auf See: Das erste schwere Wetter erwischt sie schon auf der Nordsee und hinterlässt einen salzigen Vorgeschmack auf das, was sie abseits der Barfußroute erwartet. Denn dass sie die Segelhighways verlassen

Das erste schwere Wetter hinterlässt einen salzigen Vorgeschmack auf das, was sie abseits der Barfußroute erwartet.

wollen, ist klar. In Schottland tanken sie Diesel und Kraft und entscheiden sich aus Zeitmangel gegen die Passage der irischen Westküste. Denn noch im August wollen sie über die Biskaya segeln, bevor die ersten Herbststürme die Querung der Atlantikbucht in einen rauen Endspurt entlang des europäischen Festlandes verwandeln. Der Plan geht auf, und Portugal sagt sachte Adieu.

Erst der nächste lange Schlag auf dem Atlantik, rüber nach Madeira, bringt einen Zwischenfall mit sich, der bei Tatjana und Tom noch heute Gänsehaut erzeugt. Die Sonne hat sich gerade zurückgezogen und die Nacht stockdunkel ihren Dienst angetreten, als ein Motorboot sich unnatürlich nähert. Tom nimmt Funkkontakt auf – keine Reaktion. Dann erst knarren zwei Fragen in gebrochenem Englisch aus dem Lautsprecher: Wer seid

Tatjana Hartmann und Thomas Witt

ihr und wie viele? Auf dem Radarschirm verfolgen die beiden Segler, wie offensichtlich zwei Beiboote ausgesetzt werden. Piraten oder Polizei? Die drei Schiffe kreisen BREAKPOINT ein, kommen bis auf 200 Meter heran. Toms weitere Funksprüche bleiben unbeantwortet. Schließlich setzt Segelyacht BREAKPOINT einen Notruf ab, den Amateurfunker an die Einsatzzentrale

Dann knarren zwei Fragen in gebrochenem Englisch aus dem Lautsprecher: Wer seid ihr und wie viele?

in Bremen weiterleiten. Als ahnten die Unbekannten, welche Notfallstaffel gerade zu laufen begonnen hat, drehen sie ab und verschwinden vom Radar. Tatjana und Tom atmen auf. Für den Rest der Nacht schalten sie die Positionslichter aus.

Reisen, um zu segeln, und segeln, um zu reisen

Die Atlantik- und die Äquatorüberquerung mit Kurs Brasilien sind Premieren für Schiff und Crew, die nun richtiges Blauwasserleben kennenlernt – und sich dabei von vielen Paaren auf Langfahrt unterscheidet: Es ist Tatjana, die Ozeanpassagen mehr abgewinnt als Tom. Sie genießt das Segeln und das Leben an Bord. »Das ist für mich, im wahrsten Sinne des Wortes, Freiheit.« Für Tom hingegen »war Ankommen stets wichtiger und das Schiff eher Mittel zum Zweck, Orte dieses Planeten zu erreichen, an die sonst keiner kommt«. Es ist auch Tatjana, die auf größere Segelerfahrung zurückblickt und für den Feintrimm zuständig ist. Auch wenn dieser, zugegeben, auf einem 16 Tonnen schweren Kimmkieler keine allzu große Rolle spielt.

Dennoch ist die Rollenverteilung an Bord in vielerlei Hinsicht klassisch. Tatjana navigiert, Tom repariert, manövriert und pflegt die Maschine. Die Frage, wer denn eigentlich Skipper sei, drängt sich dennoch auf. »Ja, das ist immer so ein Thema«, sagt Tatjana und lacht. »So ganz geklärt haben wir das nie.« »Aber wenn die

Behörden im Hafen an Bord kommen und einen Mann und eine Frau sehen, bin ich automatisch ihr Ansprechpartner«, ergänzt Tom. Auf See teilen sie die Verantwortung und wechseln sich nachts im Drei-Stunden-Rhythmus ab.

Ein Virus ohne Gegenmittel

Die Ankunft in Rio de Janeiro hat das Duo sich anders vorgestellt: Kaum ist der Anker unter dem Zuckerhut gefallen, rasen sie mit Schlauchboot und Taxi zum nächsten Krankenhaus. Bei einem Segelmanöver war Tatjanas linker Ringfinger zwischen Block und Schot geraten. Das Resultat: ein durchtrenntes Sehnenband im Finger und eine stark blutende Wunde. Eine Verletzung, die heilt und schnell vergessen ist. Doch etwas anderes, nur schwer Heilbares (»schlimmer als ein Bakterium, denn dagegen gäbe es wenigstens ein Antibiotikum«), befällt die Krankenschwester: Der Langfahrtvirus erwischt Tatjana in Brasilien mit Macht. Sie will nicht mehr zurück in gesellschaftliche Zwänge und schlägt vor, das Haus in Deutschland zu verkaufen. Auszusteigen.

Sie will nicht mehr zurück in gesellschaftliche Zwänge und schlägt vor, das Haus in Deutschland zu verkaufen. Auszusteigen.

Es ist ausgerechnet der Abenteurer Tom, der eigentlich erst so richtig glücklich ist, wenn der Adrenalinpegel im Blut auf Anschlag steht, der Einwände hat. Er antwortet: »Wenn du mir sagst, wie wir das finanzieren wollen, dann lass uns das machen.« Seine gesicherte Rückkehr an den Arbeitsplatz ist ein weiterer Grund, am Plan festzuhalten. »Damals wussten wir noch nicht«, so Tatjana heute, »dass sich unterwegs so viele Möglichkeiten zum Arbeiten ergeben würden. Als Tauchlehrer oder in der Vercharterung beispielsweise. Aus Deutschland zu kommen ist da von großem Vorteil.«

Tatjana Hartmann und Thomas Witt

So aber, es ist Herbst 2006, nimmt eine neue Idee an Bord der BREAKPOINT Gestalt an: Im Anschluss an Kap Hoorn soll es um die Welt gehen. Tom beantragt ein weiteres Jahr Urlaub, da sie ahnen, dass die Zeit für die komplette Runde sonst knapp wird. Denn das oberste Ziel ist, das Schiff unversehrt nach Hause zu bringen. Um irgendwann, das steht schon fest, noch einmal aufzubrechen.

Kreise vor Kap Hoorn

Zunächst aber steht der raue Ritt gen Süden an, entlang der argentinischen Küste, wo Stürme und rasante Wetterumschwünge zum Alltag gehören. BREAKPOINT bewegt sich in einem losen Konvoi aus Segelyachten, die alle dasselbe unwirtliche Ziel haben. Außerdem kommt mit Walter, Rentner und Stegnachbar von der Trave, ein echter »Salzbuckel« an Bord. Zwei Hände mehr geben ein gutes Gefühl und für Walter geht ein Lebenstraum in Erfüllung.

Schon in Hamburg hat Tatjana die Navigation bis hierher geplant, nach Feierabend in der Bibliothek des Bundesamtes für Seeschifffahrt und Hydrographie gestöbert und Seite um Seite aus Fachbüchern studiert. Nun bekommen die Namen von einsamen Orten und abgelegenen Buchten endlich scharfe Konturen vor dem tiefblauen Südhimmel, nun ist Ushuaia endlich mehr als nur ein Sehnsuchtsziel. In Puerto Williams, auf der chilenischen Seite des Beagle-Kanals, beantragen sie die Weiterfahrt nach Süden. Dorthin, wo es keine Marinas mehr gibt und keinen Mobilfunkempfang. Wo Retter weit weg sind und Ruhe den Weitgereisten belohnt.

Dorthin, wo es keine Marinas mehr gibt und keinen Mobilfunkempfang. Wo Retter weit weg sind und Ruhe den Weitgereisten belohnt.

Für Teilnehmer einer Nonstop-Hochseeregatta markiert die Passage des zornigen Zipfels Südamerikas den Weg vom Pazifik in den Atlantik quasi im Vorbeifahren. Die Kap-Hoorn-Rundung eines Fahrtenseglers kommt dagegen meist einer gezielten Expedition gleich. So auch für Tatjana und Tom, die mit Walter und zwei dänischen Seglern an Bord in fünf Tagen von Puerto Williams zur Isla Hornos und zurück segeln. Während Walter mit BREAKPOINT Kreise vor dem legendären Felsen zieht, fährt der Rest der Crew abwechselnd mit dem Beiboot an Land. Ankern ist auf dem zerklüfteten Grund zu gefährlich, die See zu rau. Einen Besuchssteg gibt es am Ende der Welt noch nicht.

Die folgenden Monate zeigen, dass BREAKPOINT nicht ohne Grund eine autarke Aluminiumyacht mit einer sechs Zentimeter dicken Isolierung ist, einen Dieseltank für 1000 Liter und ein ausgeklügeltes Heizsystem hat: Ihren Eignern gefällt die südchilenische Einsamkeit so gut, dass aus den geplanten drei Monaten vor Ort fast ein ganzes Jahr wird. Durchatmen, Ski laufen, einsam ankern, Spanisch lernen. Nur gelegentlich steuern sie Ushuaia an, um die Vorräte aufzufüllen. Erst am Ende des südlichen Winters, im Oktober 2006, brechen sie nach Norden auf und genießen drei Monate lang die eisige Schönheit Patagoniens. Nicht ohne den Risiken des Reviers zu begegnen: Ein unberücksichtigter Winddreher treibt eines Nachts Eisschollen in die Bucht, in der die Reinke ankert. Nur mit der vollen Kraft der Maschine arbeiten sich die Hamburger Meter um Meter aus der Falle heraus.

Next Stop: Hongkong

Im Januar 2007, nach knapp zwei Jahren in Südamerika, ist die Zeit für den Absprung über den Pazifik gekommen. Der Faserpelz verschwindet im Kleiderschapp, nun ist Adamskostüm angesagt.

Auf dem Weg nach Nordwesten besuchen Tatjana und Tom Rapa Nui, die Osterinsel. An Pitcairn, rund 1000 Seemeilen im Westen, müssen sie vorbeisegeln. Die Wettersituation macht das Ankern vor der schroffen Felsküste zu

Glasfassaden der Wolkenkratzer, grelle Werbebanner und übervolle Supermärkte lösen einen kleinen Kulturschock aus.

gefährlich. Nach Monaten in der Südsee, als das Gros der Segler vor der Wirbelsturmsaison nach Süden ausweicht, ändert BREAKPOINT den Kurs nach Norden. Das Ziel: die Metropolen Hongkong, Singapur, Kuala Lumpur. Nach der Abgeschiedenheit und Armut vieler Pazifikinseln lösen die Glasfassaden der Wolkenkratzer, grelle Werbebanner und übervolle Supermärkte einen kleinen Kulturschock bei dem Paar aus. Doch eine Segelpause ist willkommen: An der Nordspitze der Philippinen waren sie in die Ausläufer eines Taifuns geraten. Drei Tage lang Windstärke zehn und Hiobsbotschaften von in der Nähe gesunkenen Schiffen sorgen dafür, dass »eine kleine Auszeit nötig war«, sagt Tom.

So trödeln sie durch Malaysia und tauchen in die südostasiatische Kultur ein. Überlegen sogar zu bleiben, ein Haus zu kaufen. Und halten am Ende doch wieder am Ursprungsplan fest. Inzwischen ist es August 2008, und angesichts der noch vor ihnen liegenden Tausenden von Seemeilen durch den Indischen Ozean und um Afrika herum wird die Zeit knapp. Zumal aus einem »kurzen Tankstopp« auf den Seychellen ein Aufenthalt von sechs Wochen wird. »Wir haben einfach unheimlich nette Menschen getroffen und sind nicht losgekommen«, erklärt Tatjana. Kurz erwägen sie die Abkürzung durch den Suezkanal. Aber die Warnung vor Piraten und der Wunsch, Südafrika zu bereisen, sind Gründe genug, die Inseln mit dem Bug in Richtung Tansania zu verlassen. Ein Garant, der Kriminalität auf See zu entgehen? Mitnichten: »Nur eine Woche nachdem wir von den Seychellen losgesegelt waren, wurden dort britische Segler entführt. Mitten im Indischen Ozean«, erinnert sich Tom.

Ein Angebot im Südatlantik

Im April 2009 steigt ein zweites Mal Walter zu, um auch die Rundung des nicht weniger anspruchsvollen Kaps der Guten Hoffnung mitzuerleben. Danach zeigen die Segler ihrem behäbigen Schiff, was »Meilen machen« heißt. Endspurt, BREAKPOINT soll im Herbst wieder sicher vertäut an der Trave liegen. Eine E-Mail, die Tatjana auf Sankt Helena erreicht, scheint ein Ausrufezeichen hinter diesen Plan zu setzen: In ihrem ehemaligen Krankenhaus sei eine Stelle frei – »Hast du Interesse?« »Meine Kollegen hatten unsere Reiseberichte verfolgt und wussten, dass wir uns der Heimat näherten«, erklärt die Fachkrankenschwester. »So war ich am Ende ironischerweise noch vor Tom wieder im Job.« Doch noch wartet ein Kurs nahezu gegen den Wind zu den Azoren, »den unser vollbepackter Kimmkieler erstaunlich gut gemeistert hat«, sagt Tom. Noch etwas anderes wartet auf dem Nordatlantik: der letze große Sturm der Reise, der sich als Ex-Hurrikan mit fatalen Folgen entpuppt. Das Fockstag bricht und nur das Kutterstag verhindert das Schlimmste; Tatjana und Tom bangen um ihr Rigg und sichern den Mast, so gut es geht.

Schon auf Fehmarn legen sie ihn. Die letzten Meilen der Weltumsegelung absolviert BREAKPOINT als Motoryacht. Noch am Tag der Ankunft hebt ein Kran den Alu-Koloss an Land, Tatjana und Tom ziehen in das freie Souterrain ihres vermieteten Hauses. Ihr Schiff zu verlassen, das nun, abgedeckt unter einer stabilen Plane, in einen Dornröschenschlaf fällt, geht besonders Tatjana nah. Umso größer ist die Freude, die Familie wiederzusehen. In den fünfeinhalb Jahren der Reise war nur Tatjana einmal für sechs Wochen in der Heimat – zum Familienbesuch und auf Ersatzteiljagd. Gegenbesuch kam nur auf den Kanaren und den Kapverdischen Inseln. »Es ist schwierig, Ankunftszeiten genau zu planen, wenn man abseits der Routen und ohne festen Zeitplan segelt. Auch, wenn wir gern mehr Besuch gehabt hätten.«

Auf dem Nordatlantik wartet der letzte große Sturm der Reise, der sich als Ex-Hurrikan mit fatalen Folgen entpuppt.

Amerika nun backbord

Der Wiedereinstieg ins Berufsleben fällt beiden leicht. Erst nach gut einem Jahr, voll angekommen im Alltagstrott, merkt Tatjana, wie heftig das Fernweh in ihr brodelt. Sie will wieder raus, Tom sowieso. Doch noch bis Januar 2013 steht BREAKPOINT an Land. Leer, nackt und irgendwie wartend. »Wir waren nicht segeln, gar nichts. Wir mussten die Reisekasse auffüllen!« Es ist die Aussicht auf die nächste große Reise, die beide erneut zu eisernem Sparen motiviert und den Landkoller erträglich macht. Eine Abfindung für Tom, dessen Abteilung schließt, wird letztendlich der Grundstein für ein komplettes Refit der BREAKPOINT. Denn ihre Eigner wollen in noch dickeres Eis vordringen, auf noch einsameren Routen segeln.

Im April 2016 sind Tom Witt und Tatjana Hartmann mit ihrer BREAKPOINT wieder aufgebrochen. Über Skagen, Island und Grönland nach Alaska. Amerika haben sie diesmal, anders als auf der Weltumseglung, an Backbord liegen lassen und sich durch die Nordwestpassage getastet. Vor ihnen liegt Kanada, der Pazifik, vielleicht Neuseeland. Ein Heilmittel gegen den Segelvirus vermissen sie nicht mehr: Das Ende ist nun wirklich offen.

Erst nach gut einem Jahr, voll angekommen im Alltagstrott, merkt Tatjana, wie heftig das Fernweh in ihr brodelt.

Nachgehakt: Tatjanas und Toms ...

... Tipps für Weltumsegler

- Nicht alles ernst nehmen, was gesagt wird. Zum Beispiel, dass es auf der Barfußroute keine Stürme gibt.
- Prepare for the worst and hope for the best. Unser Credo war Redundanz bei allen wichtigen Systemen wie GPS, Funk, Steuerung, Stromerzeugung.
- Konservendosen probieren, bevor man sie für Monate bunkert!

... wichtigste Bücher an Bord

- »Patagonia & Tierra del Fuego – Nautical Guide« von Mariolina Rolfo und Giorgio Ardrizzi. Ist einfach, gut und stimmt 100-prozentig.
- Revierführer wie der »Reeds Nautical Almanach«.
- Ein E-Book-Reader.

... spontane Antworten

Nordsee oder Ostsee? Ostsee: klares Wasser, lieblicher, keine Gezeiten.

Atlantik oder Pazifik? Pazifik. Ist unendlich vielseitig.

Hafen oder Ankern? Ankern. Es spart Kosten und wir lieben die Einsamkeit. Mit BREAKPOINT können wir unberührte Stellen erkunden, da sie für völlige Unabhängigkeit ausgerüstet ist.

... Revier-Geheimtipps

Ganz Südamerika und Patagonien. Für Taucher: Palmerston in den südlichen Cookinseln und Yap.

... Vorgehen in schwerem Wetter

Unsere Sturmtaktik ist, unter Maschine abzulaufen. Dann steuert der Autopilot, wir sind im Decksalon und kein Fetzen Segel ist oben. Jedes Segel draußen ist eine zusätzliche Gefahrenquelle, da es bedient werden muss. Rigg und Aufbau sind so massiv, dass das Schiff quasi trotzdem segelt. Wir sind aus jedem Sturm mit einem besseren Bauchgefühl für das Schiff hervorgegangen, gestärkt als Team Schiff-Mensch.

... Mittel gegen Seekrankheit

Der jeweils andere. Wir ergänzen uns hervorragend: Wenn der eine seekrank geworden ist, was selten vorkam, hat der andere auf einmal Bärenkräfte entwickelt, obwohl er ansonsten vielleicht auch seekrank geworden wäre.

... wichtigstes Ersatzteil

Ein funktionierender Autopilot. Aber generell sind alle wichtigen Systeme an Bord doppelt, die wichtigsten sogar dreifach vorhanden. Sogar der Twinkiel ist quasi ein Kiel mit Redundanz [lachen].

… seglerisches Vorbild

Die natürlichen Wasserwege um die Welt haben mich [Thomas] schon immer fasziniert. Die Leistung, sie zu bezwingen, wie Magellan es beispielsweise getan hat, war immer meine Vorstellung vom klassischen Segeln.

… hilfreiche Seiten im Internet

Andere Segel-Reiseseiten. Darüber hinaus haben Gespräche mit Arved Fuchs authentische Informationen geliefert.

… Versicherungen auf Weltumsegelung

Auslandskrankenversicherung, Schiffshaftpflichtversicherung, ein Job für die Rückkehr.

… Lieblingsgericht bei Sturm

Vorgekochtes, zum Beispiel Eintopf oder Gulasch.

… Lieblingsgericht bei Flaute

Frisch gefangener und geräucherter Fisch.

… bewährte Passatbesegelung

Vor dem Wind unter Genua kreuzen.

… nützlichstes Kleidungsstück

Einfache Fahrradregenkleidung, da Ölzeug in unserem geschützten Cockpit oft nicht nötig war.

… Reiseblog der Weltumsegelungen

www.sy-breakpoint.de, www.sailing-adventure-services.com

Zwölf Fragen
an Tatjana Hartmann und Thomas Witt

Warum wolltet ihr um die Welt segeln?
Weil es unheimlich befriedigend ist, sich einen Lebenstraum zu erfüllen. Jeder Tag ist wie ein Abenteuerfilm.

Ohne was wärt ihr nie losgefahren?
Ohne den jeweils anderen.

Ein Ausrüstungsgegenstand, auf den ihr nicht mehr verzichten möchtet?
Vollkornbrot in Dosen [lachen], der Druckkochtopf, die Taucherausrüstung. Und auf der nächsten Reise kommt eine Getreidemühle zum Backen an Bord.

Das Werkzeug, das ihr am häufigsten in der Hand hattet?
Der Phasenprüfer. Man braucht ständig ein kleines, feines Werkzeug.

Die Stärken und Schwächen eures Schiffes?
Der Riss ist mit den hydrodynamischen Eigenschaften von heutigen Yachten nicht zu vergleichen. Wir sind sehr schwer, recht langsam und können nur 60 Grad zum Wind laufen. Dafür vermittelt BREAKPOINT auch in rauen Bedingungen ein sicheres Gefühl. Die Twinkiele schützen das Unterwasserschiff vor Korallen und Eis und erlauben uns trockenzufallen. Mit dem flachen Tiefgang kommen wir in Buchten, die anderen für immer versperrt bleiben.

Was bedeutet gute Seemannschaft für euch?
Die Kräfte der Natur niemals unterschätzen, immer einen Plan B haben, ein eingespieltes Team sein.

Was war unterwegs Luxus?
Fließendes Süßwasser, eine heiße Dusche, Strom, Cola oder ein Mars-Riegel. In den Tropen ein Regenschauer. Das war dann schon eine richtige Dusche, im Vergleich zur Anderthalbliterflasche, die sonst zur Verfügung stand.

Was hat euch gefehlt und was gar nicht?

Gefehlt hat uns Zeit. Gar nicht hingegen die Enge und die Zwänge der Zivilisation.

Habt ihr je überlegt aufzuhören?

Es gibt Hochs und Tiefs. Wenn wir Stürme hatten, haben wir es natürlich verflucht. Entweder hat der eine gesagt: »Ich steige aus und wir verkaufen das Schiff«, oder der andere. Es gab Momente, wo wir gesagt haben: »Das war's.« Aber kaum hatte man den Fuß wieder an Land, war sofort alles wieder gut.

Hattet ihr mal Angst?

Es gab Situationen, in denen ich [Thomas] Angst hatte. Vielleicht, weil ich mir vorstellen konnte, was jetzt alles kaputt- oder schiefgehen könnte. Aber natürlich kann ich bei Sonnenschein, Backstagsbrise und springenden Delfinen nicht sagen, das finde ich blöd. Sonst wäre ich ja nicht hier.

Welche Eigenschaften sollte man als Weltumsegler haben?

Begeisterungsfähigkeit und Ausdauer. Es ist häufig kein Zuckerschlecken. Außerdem Mut und Abenteuerlust. Als solider Büromensch, der Sicherheit will, brauchst du nicht loszufahren.

Was würdet ihr beim nächsten Mal anders machen?

Das, was wir jetzt anders machen: ohne zeitliches Limit losfahren. Das war oft ein Schatten über der Reise. Wir hätten gern ein Jahr länger Patagonien und auch Alaska bereist.

Tatjana Hartmann und Thomas Witt

Die Segelyacht BREAKPOINT

Bootstyp, Baujahr	Reinke 13M, 1999
Werft, Konstrukteur	Benjamins in Emden, Kurt Reinke
Rumpfmaterial	Aluminium
Länge über Alles	14 m
Breite	3,70 m
Gewicht	16 t (voll beladen)
Tiefgang, Kielform	1,55 m, asymmetrische Twinkiele
Rigg	Sluptakelung mit Kutterstag und optionalem Babystag
Segelgarderobe	Groß, Genua, Fock, Sturmfock, Blister
Ruderanlage	Radsteuerung, voller Skeg, elektro-hydraulischer Autopilot, Windsteuer-anlage (bis Französisch-Polynesien)
Maschine	Mercedes, 88 PS, 1000-Liter-Dieseltank
Stromversorgung	2 Lichtmaschinen mit 55 A bzw. 90 A, Ersatzgenerator mit 2 kW, 1 Solarpaneel à 120 W, 2 Solarpaneele à 35 W, Wind-generator, 2 AGM-Batterien à 200 Ah
Wasserversorgung	450-Liter-Wassertank, Wassermacher
Kommunikation	UKW-Seefunk, Kurzwellen-Seefunk mit Pactor-Modem (Provider: Winlink), Iridium-Satellitentelefon
Navigation	AIS (Sender/Empfänger), Kartenplotter, Radar, Papierseekarten
Ankergeschirr	32-kg-Niro-Bügelanker (80 m Edelstahl-kette), verzinkter 28-kg-Bügelanker, Klappanker aus Aluminium als Reserve, elektrische Ankerwinsch mit 1500 W
Beiboot	3,10-m-Beiboot, 15-PS-Außenbordmotor
Sonstiges	Dieselheizung

Martin Finkbeiner mit SY IVALU, September 2010 bis August 2013, Kiel–Kiel, 38.101 Seemeilen, 1054 Tage

2 Junge, komm heil wieder

Frei und weg: der 25-jährige Martin Finkbeiner und seine Weltumsegelung mit Hindernis und Hilfsprojekt

Der Kampf um Leben und Tod findet weit draußen auf dem Ozean statt, mit einem Sieger, der festzustehen scheint. Doch noch zappelt die riesige Makrele, zieht und zerrt, macht ihrem Kontrahenten das Leben schwer. Kurz bevor zwei starke Hände sie über die Bordwand hieven können, ruckt es ein letztes Mal heftig und sie verschwindet im tiefen Blau der See.

Also kein frisches Fischfilet zur Feier des Tages. Grund zur Freude hat Martin Finkbeiner dennoch an diesem Novembertag: Es ist sein 28. Geburtstag, es sind noch 2000 Meilen bis Südafrika und der Indische Ozean liegt bald achteraus. Nicht mehr lange, bis Martin die Welt im Kielwasser haben wird und im Online-Logbuch steht: »*Wir haben es überprüft: Die Erde ist wirklich rund.*«

1000 Tage Robinson

Martin Finkbeiner aus einem beschaulichen Ort bei München weiß früh, was er nach der Schule einmal machen möchte: »Egal

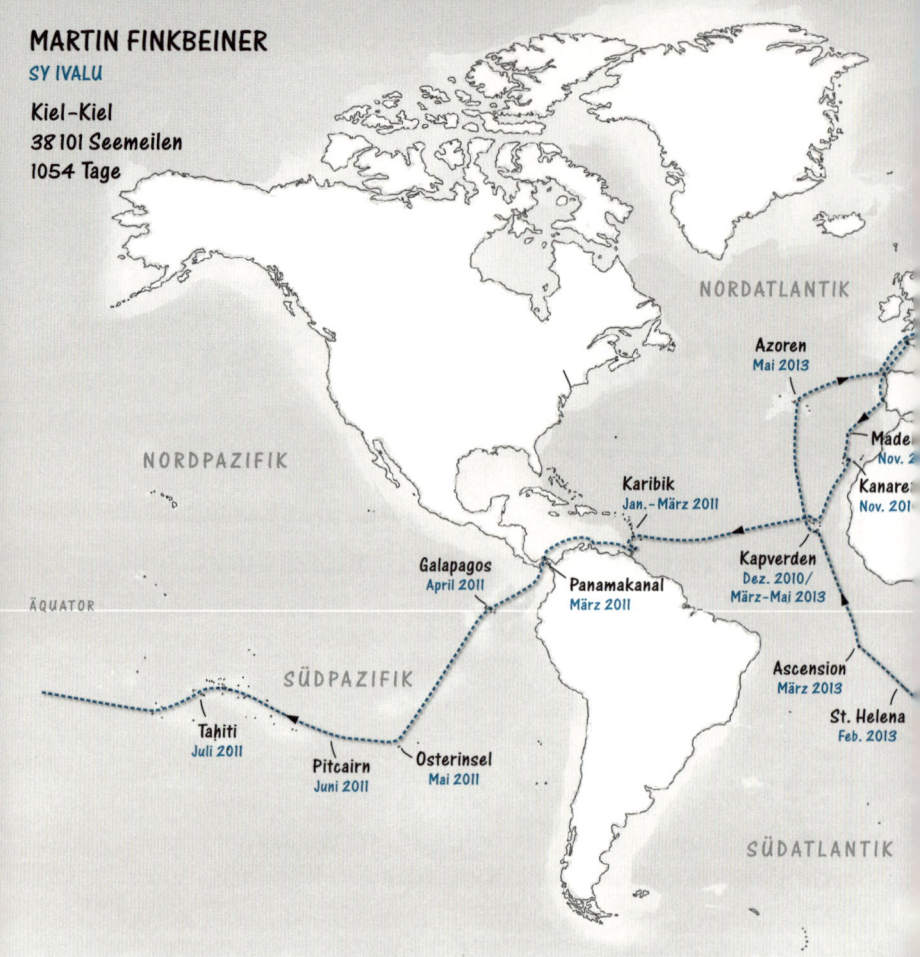

MARTIN FINKBEINER
SY IVALU

Kiel–Kiel
38 101 Seemeilen
1054 Tage

NORDATLANTIK

NORDPAZIFIK

Azoren
Mai 2013

Made
Nov. 2

Kanare
Nov. 201

Karibik
Jan.–März 2011

Galapagos
April 2011

Panamakanal
März 2011

Kapverden
Dez. 2010/
März–Mai 2013

ÄQUATOR

SÜDPAZIFIK

Ascension
März 2013

St. Helena
Feb. 2013

Tahiti
Juli 2011

Pitcairn
Juni 2011

Osterinsel
Mai 2011

SÜDATLANTIK

was es ist, Hauptsache irgendwas mit segeln.« Der Virus packt den sportlichen Schüler auf dem Ammersee und dem nahen Mittelmeer, wo die Eltern immer mal wieder ein Schiff chartern, schließlich ein eigenes kaufen. Martin beginnt eine Ausbildung zum Veranstaltungskaufmann in einer Segelschule, arbeitet gleichzeitig als Segellehrer. Erst am Bodensee, später in Kiel für eine Firma, die Events auf ehemaligen America's Cuppern anbietet. Damit könnte die Geschichte des jungen Mannes, der »etwas mit segeln« machen wollte, erfolgreich erzählt sein. Hätte der damals

Martin Finkbeiner

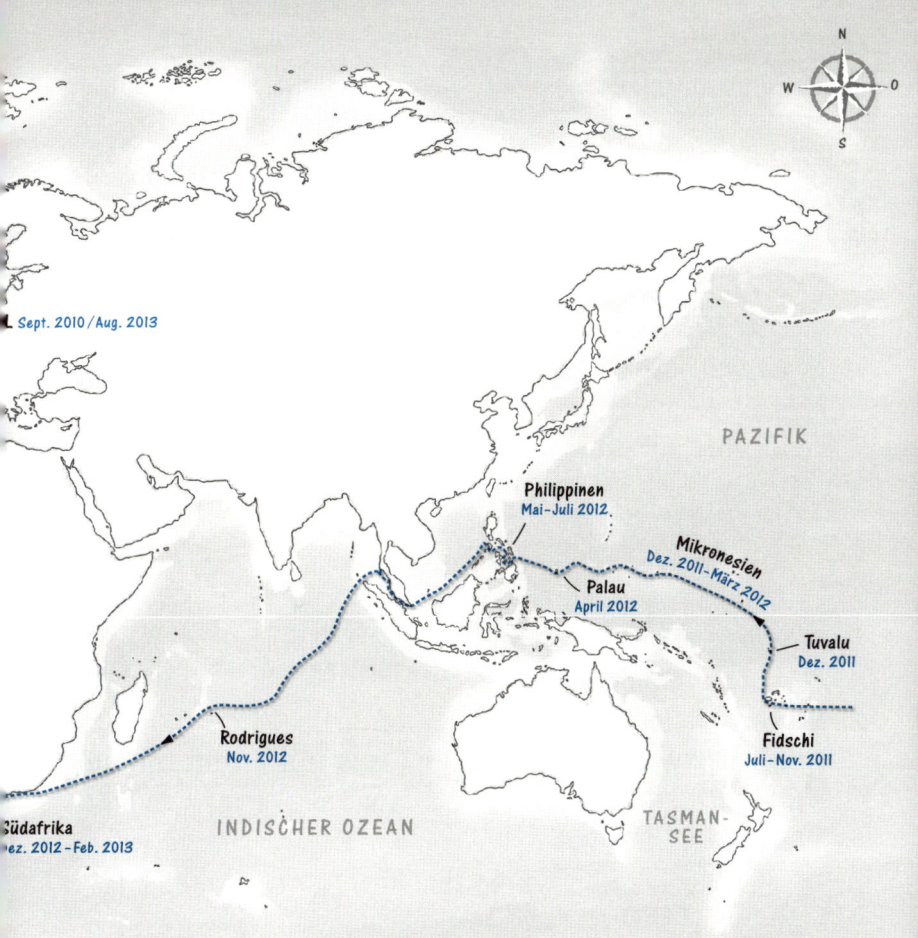

Sept. 2010 / Aug. 2013

PAZIFIK

Philippinen
Mai–Juli 2012

Mikronesien
Dez. 2011–März 2012

Palau
April 2012

Tuvalu
Dez. 2011

Rodrigues
Nov. 2012

Fidschi
Juli–Nov. 2011

Südafrika
Dez. 2012–Feb. 2013

INDISCHER OZEAN

TASMAN-SEE

23 Jahre alte Martin nicht bereits alle Klassiker der Segelliteratur verschlungen und in den Zeilen von Erdmanns »Tausend Tage Robinson« etwas entdeckt, das ihn mit aller Macht hinauszog. Robinson, das wäre auch er gern tausend Tage lang mal. Am liebsten sofort.

»Ich wollte nicht warten, bis ich in Rente bin«, lacht der Segelenthusiast. Das Geld für eine kleine gebrauchte Yacht hat er gespart, doch zum Kauf kommt es nicht. »Als meine Eltern merkten, wie entschlossen ich war, meinten sie: ›Junge, komm heil wieder, dann kannst du unsere IVALU für zwei Jahre haben.‹« Es ist der Schlüsselmoment, loszusegeln.

Martin legt seinen Job als mittlerweile selbstständiger Skipper auf Eis und kratzt die Ersparnisse zusammen. Von Sponsoren oder zahlenden Gästen will der junge Mann sich nicht abhängig machen. »Ich wollte einfach weg und frei sein.« Ein Freund wird ihn jedoch begleiten; Johannes, der zwar kein erfahrener Segler ist, aber genauso begeisterungsfähig.

Am 15. September 2010 werfen der 25-jährige Martin und der 24-jährige Johannes in Kiel die Leinen los. Zwei Jahre soll die Reise dauern, entlang der Barfußroute um die Welt. Jahre später wird Martin sagen: »Es hat Wochen gedauert, bis ich wirklich kapiert habe, was los ist.«

Weihnachten feiert die Crew auf hoher See, spielt »Schneeflöckchen, Weißröckchen« auf der Mundharmonika, bei 30 Grad im Schatten.

Junge Crew mit altem Antrieb

Als Martin und Johannes nach 2600 Meilen auf den Kanaren ankommen, hat sich Bordroutine eingestellt. Sie haben sich an Wachwechsel, den Sternenhimmel und an das, was sich wie die große Freiheit anfühlt, gewöhnt. In beständigem Passatwind segelt IVALU im Dezember 2010 über den Atlantik. Weihnachten feiert die Crew auf hoher See, spielt »Schneeflöckchen, Weißröckchen« auf der Mundharmonika, bei 30 Grad im Schatten.

In der Karibik ergänzt Martins Schwester Barbara, 24 Jahre alt, das Herrenduo zum munteren Trio. Sie hat unbezahlten Urlaub, um bis Fidschi an Bord zu bleiben. Weitere Freunde wollen später dazustoßen. Die IVALU-Crew macht Anstalten, das Durchschnittsalter der Weltumsegler rekordverdächtig zu senken.

Alles könnte perfekt sein, wäre da nicht ein Problem mit dem einen Ausrüstungsteil, das Segler zwar vermeintlich nicht brauchen, ohne das sie aber dennoch meist aufgeschmissen sind: der

Martin Finkbeiner

Motor. IVALUS alter Diesel streikt ständig. Für die Passage des Panamakanals scheint er sich noch einmal zusammenzureißen und stirbt dann, kaum dass sich die Schleusentore zum Pazifik wieder geschlossen haben, endgültig. Niemand kann helfen, niemand weiß Rat.

Eine defekte Maschine ist jedoch nichts, was jemanden wie Martin, der von Computern und Smartphones so viel hält wie Fische von Anglern, lange aufhalten würde. »Wir wollen nach wie vor eine Weltumsegelung, keine Weltummotorung machen«, steht später im Logbuch. Ohne funktionierenden Motor geht es zu den Galapagosinseln, um Blaufußtölpel, Meeresechsen und Riesenschildkröten zu sehen.

Zickzack im Pazifik

Dort fällt Martin eine Entscheidung, die nur wenige Weltumsegler treffen: nach Süden abzuknicken, zur Osterinsel. Dem einsamen Flecken im Südostpazifik, der eher auf der Route der Kap Hoorniers als auf dem Weg der Barfußsegler liegt. Martin zieht er mit der rätselhaften Vergangenheit seiner weltberühmten Steinstatuen an. Nicht minder spannend, nicht minder abgelegen: Pitcairn, die Insel, auf der die Nachfahren der BOUNTY-Meuterer noch heute leben. Isoliert, ohne Flughafen und Hafen, mit nur einem unwirtlichen Ankerplatz. Für IVALU wird er zum Hexenkessel: An der rauen Küste steigen Brecher ins Cockpit, alle Versuche, den Anker zu bergen, misslingen. Es bleibt nichts anderes übrig, als ihn zu kappen und das Weite zu suchen. Nächster Halt: die Gambierinseln im Südosten Französisch-Polynesiens. Hier vereiteln Tage später starker Wind, starke Strömung und der fehlende Motor das erfolgreiche Anlanden ganz und gar. Nach acht Stunden gescheiterter Versuche dreht IVALU ab, Kurs Tahiti.

Es bleibt nichts anderes übrig, als den Anker zu kappen und das Weite zu suchen.

Dort lassen Martin und Barbara nach der spannenden Über-fahrt die Seele baumeln – zu zweit jedoch, Johannes hat die Reise beendet. Am Boot ist reichlich zu tun, und der junge Skipper trifft eine Entscheidung: Ein neuer Motor muss her, ohne geht es nicht. Er ist von dem Konzept eines Elektromotors überzeugt, dessen Versand in die Südsee zudem weniger kostet als der eines neuen Dieselantriebs. Nach Fidschi soll das Modell aus den USA gelie-fert werden, dort liegt das nächste Ziel der IVALU.

Auf den Einbau folgt jedoch Ernüchterung statt Erleichterung: Das heiß ersehnte Teil funktioniert nicht. Ersatzteile lassen auf sich warten, Tage und Wochen verstrei-chen und auch der Moment, um noch sicher in der Saison weiterzusegeln. Robinson ist hängen geblieben – ein großes Problem bei einem straffen Zeitplan und einem schmalen Bud-get. Für zwei Jahre hätten Martins Ersparnisse gereicht. 500 Euro pro Monat und Mitsegler hat er kalkuliert, jeder zahlt für sich selbst. Das ist zwar knapp, reicht aber – bis zum Motor-Aus.

Robinson ist hängen geblieben – ein großes Problem bei einem straffen Zeitplan und einem schmalen Budget.

Eine Idee ist, während der anstehenden Zyklonsaison in Aus-tralien oder Neuseeland zu arbeiten. »Aber wir waren ja nicht zum Arbeiten auf Weltumsegelung, sondern um etwas zu sehen«, lacht Martin. Es wird Plan B: ein Jahr länger segeln, das dabei ent-stehende Zeitfenster mit einer Route zu den abgelegenen Inseln des Nordpazifiks füllen und später durch Südostasien segeln. IVALUS Eigner in der Heimat zeigen sich wieder als Eltern, von denen weltumsegelnde Kinder träumen: Sie verzichten ein weiteres Jahr auf das Familienschiff und borgen Geld für die nächsten zwölf Monate.

Und so fährt IVALU zickzack auf dem Pazifik. Auf den weiten Schlag nach Süden folgt die lange Tour nach Norden. Sie will

Martin Finkbeiner

gut vorbereitet sein, da nur wenige Crews in die Richtung segeln. Tankstellen für Weltumsegler gibt es dort nicht. Frischwasser und Proviant werden bis zum Anschlag gebunkert, ein Haufen Geschenke für Tauschgeschäfte auf den Inseln ohne Bargeldverkehr kommt an Bord: »Angelhaken, Köder, Messer, Taschenlampen und bayerische Bierkrüge im Miniformat kamen immer gut an«, sagt Martin. Ein freundlicher Australier, der gerade aus dem Norden kommt, schenkt ihnen die nötigen Seekarten und Gastlandflaggen.

Ein heißer Tropfen auf einem rollenden Stein

Barbaras Urlaub ist vorbei, dafür kommt die Studentin Corinna an Bord. Und mit ihr ein Umweltprojekt, das diese Weltumsegelung noch ungewöhnlicher machen soll, als sie es ohnehin schon ist: Corinnas Initiative »Ivalu & You« soll auf die Verschmutzung der Meere aufmerksam machen.

»Unser Ziel war es, in den Ländern der Reise Workshops mit Kindern durchzuführen, um sie auf spielerische Art und Weise für die Müllproblematik zu sensibilisieren«, sagt Martin. »Natürlich war das vielfach nur ein Tropfen auf einem heißen Stein. Aber an manchen Orten haben wir vielleicht einen kleinen Stein ins Rollen gebracht.« Auf den Fidschi-Inseln beginnen sie, besuchen später Schulen in Tuvalu, Mikronesien und auf den Philippinen. Aus angeschwemmten Plastikteilen bauen Corinna und Martin Mülltonnen mit den Kindern der Pazifikinseln. Produkte in Verpackungsmaterial werden hier mit dem Versorgungsschiff angeliefert – der entstehende Plastikabfall begräbt manch kleine Insel.

Woher weißt du, dass schon März ist?

Etwa 15 Schulen besuchen Corinna und Martin während der Reise – weit weniger, als geplant war. Denn ihre Energie wird nach wie vor von der Achillesferse der Reise in Anspruch genommen – dem neuen Motor, der immer noch nicht so läuft wie er soll. Martin verdächtigt einen defekten Sensor, schuld daran zu sein, dass sie alle Riffpassagen und Ankermanöver unter Segeln statt unter Maschine absolvieren müssen. »Es war zwar cool, wenn man durch einen langen Pass segelt, seitlich die Wellen brechen und einen die alten Segler in der Hafenkneipe später ungläubig anschauen und fragen: ›Ihr seid da reingesegelt, oder?‹«, lacht Martin. »Aber ich würde es nicht noch mal machen.«

Ihre Energie wird nach wie vor von der Achillesferse der Reise in Anspruch genommen.

Seine Reiseplanung muss mangels Maschine besonders vorausschauend und exakt sein. Um durch die teils langen und engen Riffdurchfahrten zu gelangen, müssen Wind und Strömung aus der richtigen Richtung kommen, das Sonnenlicht von oben oder achtern, um Korallen und die Wassertiefe ausmachen zu können. Azur heißt flach, tiefblau heißt tief. Auch nach Wochen der Übung bleibt das Bauchkribbeln bei diesen Manövern, die die Crew stets mit einer geschützten türkisfarbenen Lagune belohnen. »Manchmal mussten wir zwei bis drei Tage vor einer Insel warten, bis die Bedingungen stimmten«, erzählt Martin. »Unter Motor kann man im Notfall noch mal abdrehen, unter Segeln hat man nur eine Chance. Kreuzen im Pass war mit einem Schiff wie IVALU quasi unmöglich.« Manchmal taucht Corinna vorher hindurch, um Tiefe und Kurven auszuloten. Manchmal helfen andere Segler oder Einheimische mit dem Dingi bei der Ausfahrt.

Doch bei allem Pech mit dem elektrischen Antrieb: »Im Nachhinein war die Panne mit dem Motor ein Glücksfall. Mit dem Verpassen der Saison begann ein neues Segeln, bei dem wir die Möglichkeit hatten, Orte und ihre Bewohner über einen längeren Zeitraum hinweg kennenzulernen. Die Tour über Tuvalu, Mikronesien und Palau zu machen, war die beste Idee der Weltumsegelung.« Die Inseln beeindrucken Martin

Einladungen auf eine Kokosnuss anstatt zum Feierabendbier, Regenwasser fangen statt Wasserhahn aufdrehen.

mit der Gastfreundschaft ihrer in Einfachheit lebenden Bewohner. Kaum Internet, kein Handyempfang. Dafür Tauschgeschäfte statt Kreditkartenzahlung, Einladungen auf eine Kokosnuss anstatt zum Feierabendbier, Regenwasser fangen statt Wasserhahn aufdrehen. Verabredungen nicht zu einer Uhrzeit, sondern zum Sonnenuntergang. Einmal wird den jungen Seglern strahlend erzählt, dass sie nur knapp einen anderen deutschen Reisenden verpasst hätten – der Landsmann hatte die Insel zwei Jahre zuvor besucht. Das Zeitgefühl dieser anderen Welt überträgt sich auf das Paar. Auf Corinnas Aussage »Du, es ist schon März«, ist Martins Antwort: »Woher weißt du so was?«

Sie sind im Paradies für Robinson.

34 Tage im Südchinesischen Meer

Umso gewaltiger ist der Kulturschock, als die IVALU-Crew im Frühjahr und Sommer 2012 durch Südostasien segelt. Laute Städte, Millionen Menschen. Reizüberflutung. Großes Plus der Region jedoch: Es gibt Segelmacher für IVALUS lädierte Tücher, volle Supermärkte, aber auch einsame Buchten für die Momente, in denen der Skipper den Pazifik vermisst.

Zeit für Wehmut bleibt nicht lange, denn der lahmende Motor führt auch zu verlängerten Aufenthalten an Orten, die man eigentlich möglichst schnell wieder verlassen will. Die Straße von Singapur und die Malakkastraße gehören dazu. Martin: »Abertausende von Schiffen drängen sich hindurch, noch mal so viele liegen zu beiden Seiten vor Anker. Der Panamakanal ist ein Witz dagegen. Die Schiffe sind bis zu 350 Meter lang und teils mit über 20 Knoten unterwegs. Die Überquerung des Verkehrstrennungsgebiets war, wie eine vierspurige Autobahn zur Hauptverkehrszeit auf Krücken zu überqueren.«

> »Die Überquerung des Verkehrstrennungsgebiets war, wie eine vierspurige Autobahn zur Hauptverkehrszeit auf Krücken zu überqueren.«

Zu dem Schiffsverkehr im Südchinesischen Meer gesellen sich heftige Schauerböen und Unwetter, Flauten, leichte, drehende Winde und starke Strömungen. Dem neuen Fahrplan hinkt die Crew durch das ständige Warten auf Ersatzteile für den defekten Antrieb und andere Reparaturarbeiten wieder hinterher. Der Nordost-Monsun hat bereits auf Südwest gedreht – und kommt nun direkt von vorn. 34 Tage brauchen Martin und Corinna kreuzend für die Strecke von den Philippinen nach Singapur, die eigentlich in der Hälfte der Zeit zu schaffen wäre.

In Phuket machen sie IVALU fit für den Indischen Ozean: Neue Leinen, ein neues Großsegel und, oh Wunder, der E-Motor wird endlich zum Laufen gebracht. Corinna muss zurück nach

Deutschland, um ihr Studium fortzusetzen. Dafür kommt spontan der 20-jährige Thomas an Bord, ein ehemaliger Segelschüler von Martin, der gerade sein Abitur gemacht und nun Lust auf Abenteuer hat. Die soll er erleben.

Achterbahn im U-Boot

Denn ein Zyklon heftet sich auf dem dritten Ozean der Reise an IVALUS Fersen. Seine Zugbahn scheint mit dem Kurs der Yacht identisch zu sein. Martin beschließt, ein Ausweichmanöver nach Süden zu fahren. Rund 500 Seemeilen Umweg, doch die Alternative wäre, direkt ins Zentrum des Tropensturms zu geraten – mit hoher Wahrscheinlichkeit das Ende der Reise. Ausläufer mit 55 Knoten Wind erwischen IVALU dennoch, knapp eine Woche herrscht Ausnahmezustand an Bord, vergleichbar einer Achterbahnfahrt im U-Boot. Martin und Thomas verriegeln Schotten und Luke und verbringen eine Woche am ruhigsten Punkt der Yacht: mittschiffs auf dem Kajütboden. Frohnatur Martin kann selbst dem etwas Gutes abgewinnen: »Es war ehrlich gesagt eine ziemlich gemütliche Woche«, erinnert sich der mittlerweile 32-Jährige. »Vorher war ich sehr angespannt. Aber als es dann losging, war das weg. Da wir weit von allen Schifffahrtsrouten entfernt waren, konnten wir relativ sicher sein, dass kein anderes Schiff aufkreuzt.«

Ein Zyklon heftet sich auf dem dritten Ozean der Reise an IVALUS Fersen. Seine Zugbahn scheint mit dem Kurs der Yacht identisch zu sein.

Als Martins 28. Geburtstag an jenem Novembertag auf dem Indischen Ozean ansteht, ist der Zyklon abgezogen, der Passatwind schiebt wieder und langsam wird es kälter. Nachts herrschen nur noch 20 Grad – nach einer gefühlten Ewigkeit ein Anlass, die lange Kleidung wieder herauszusuchen.

In Südafrika ist Martin froh über helfende Hände beim Anlegen. Längst nicht mehr überraschend: Der Motor will wieder nicht. Doch Mutter Lilli und Schwester Barbara sind schon da, um Weihnachten an Bord zu feiern. Ohnehin nutzt die junge Crew gern jeden Anlass zum Feiern: Oktoberfest, Karneval, jede Äquatorüberquerung, der 1000. Tag auf See oder der Jahrestag des Ablegens in Kiel. Ein Schluck für Rasmus gehört immer dazu.

Plötzlich wieder Wassertiefen

Ein letztes exotisches, nur mit dem Schiff zu erreichendes Reiseziel reizt Martin noch. Er segelt nun wieder mit Barbara, Thomas' Auszeit ging in Südafrika zu Ende. Die Geschwister wollen die Suppenschildkröten beobachten, die einmal im Jahr auf der Atlantikinsel Ascension ihre Eier am Strand vergraben. »Der Aufwand, um die Genehmigung auf Sankt Helena zu bekommen, ist hoch und die Ankerbucht auf Ascension bescheiden«, resümiert Martin. »Wir haben zwei Anläufe gebraucht und das Beiboot ist gekentert. Aber es hat sich gelohnt.«

»Wir haben zwei Anläufe gebraucht und das Beiboot ist gekentert. Aber es hat sich gelohnt.«

Die Kapverdischen Inseln zu erreichen, fühlt sich an, wie nach Hause zu kommen. Die richtige Heimkehr würde Martin gern hinauszögern. »Hätte ich noch etwas mehr Geld gehabt und hätte ich das Schiff nicht wieder abgeben müssen, wäre ich mit Sicherheit wieder in die Karibik gesegelt. Und wäre wahrscheinlich immer noch unterwegs«, lacht der Weltumsegler.

Irgendwann hilft alles Aufschieben nichts mehr. Martin notiert auf den Kapverden: »*Am 1. Mai war eine große Party für die Angestellten im Club Nautico. Dass auch ich eingeladen war, zeigt vielleicht, dass es langsam wirklich Zeit wird, weiterzuziehen.*« Nachdem ein weiterer Crewwechsel stattgefunden hat,

Martin Finkbeiner

nimmt er Kurs auf die Azoren, die – wenngleich weit draußen im Atlantischen Ozean gelegen – doch die Rückkehr nach Europa markieren.

Hier hat der Skipper die erste Erkältung seit drei Jahren und hält den letzten Vortrag über Meeresverschmutzung. Vor der europäischen Küste kommt noch mal Unruhe auf, mangels Vertrauen in den Motor und weil »nach knapp drei Jahren mit Wassertiefen von mehreren Tausend Metern die Nervositätsgrenze schon anfängt, sobald das Echolot überhaupt eine Tiefe findet«. Die letzten Meter in den Hafen von Zeebrügge lässt Martin sich schleppen, und auch für die Passage des Nordostseekanals findet sich ein freundlicher Skipper, der IVALU zieht.

Am Steg in Kiel wartet das Empfangskomitee aus Familie und Mitseglern der letzten Jahre. Anspannung beim sonst so gelassenen Captain: bloß keine Blamage beim Anlegen!

Ein Plädoyer von Robinson

Über das Wiederankommen schreibt Martin: »*Die erste Zeit zurück in Deutschland war – entgegen aller Befürchtungen – supercool. Jedes Wochenende Grillen mit Freunden, super Sommerwetter und eine Willkommensfete, die sich gewaschen hat. Relativ schnell und unkompliziert habe ich einen Job gefunden: alles perfekt gelaufen. Trotzdem: Wenn man einmal die große Freiheit geschnuppert hat und über mehrere Jahre tun und lassen konnte, was man will (und das auch noch an den schönsten Orten der Welt), ist es manchmal gar nicht so leicht, sich wieder in ein von Konsum und Statussymbolen bestimmtes System einzugliedern. In eine Welt, in der man höchstens ein Viertel seiner Zeit frei, unabhängig und selbstbestimmt verbringen kann und sich die Leute vor lauter iPhone schwertun, einander in die Augen zu schauen. Was manchmal fehlt, ist die Erkenntnis oder der Wille, sich Zeit zu nehmen und den ganzen Alltagsstress einfach mal*

Alltagsstress sein zu lassen. Und an Tagen, an denen einem genau diese Tatsachen tierisch auf den Geist gehen, wünscht man sich auf ein kleines Segelboot irgendwo in die Weiten des Pazifiks, fernab von Smartphones, Facebook, Businesskasperei und Co.«

Aus dem Video- und Fotomaterial der Reise produziert Martin einen Film, der während gut 25 ausverkaufter Vorstellungen Fernweh in bayerischen Kinos auslöst. Ihr Umweltprojekt führen Corinna und Martin noch in einigen Schulen in der Heimat durch. Die Resonanz: riesig.

Ach ja, und dann wäre da noch ... der Motor: IVALU hat inzwischen wieder einen Dieselmotor. Der E-Antrieb flog nach der Rückkehr raus, da das Vertrauen der Schiffseigener in ihn dann doch nicht so grenzenlos war wie das ihres Sohnes.

Der schmiedet bereits neue Pläne: »Ich habe tausend Ideen für weitere Reisen im Hinterkopf. Und jeder geht davon aus, dass ich irgendwann wieder weg sein werde.«

Irgendwann ist manchmal schon ganz bald.

Martin Finkbeiner

Nachgehakt: Martins ...

... Tipps für Weltumsegler

- Sich genug Zeit nehmen, drei Jahre sind das Minimum. Zwei Jahre, das klappt nicht.
- Auf gute Ausrüstungsgegenstände wie Anker und Selbststeueranlage achten. Sie können das Leben an Bord, vor Anker und unterwegs, sehr komfortabel machen.
- Improvisieren können: Mit Zwei-Komponenten-Kleber kann man auch mal einen abgebrochenen Zahn reparieren [lacht]. Hat bis zum Ende der Reise gehalten!

... wichtigste Bücher an Bord

- »Segelrouten der Welt« von Jimmy Cornell.
- Mein Lieblingsbuch: »Schiffbruch mit Tiger« von Yann Martel.

... spontane Antworten

Nordsee oder Ostsee? Eigentlich keine von beiden, sondern die Passatregion, wo der Wind stetig weht. Aber die Ostsee ist einfach wunderschön, hat viel zu bieten, tolle Ankerplätze. Die Nordsee sicher auch, ist aber wahnsinnig rau und ungemütlich. Ich würde immer schauen, dass ich da schnell durchkomme. Ein Freund von mir hat mal gesagt, die Nordsee sei kein Segelrevier, sondern eine Zumutung.

Atlantik oder Pazifik? Pazifik. Und da der Nordpazifik, der Leute und der Kulturen wegen. Die Menschen im Pazifik sind schon sehr besonders.

Hafen oder Ankern? Ankern. Die coolen Orte auf der Welt haben keine Häfen, denn sonst würde ja alle Welt dahin segeln.

... Revier-Geheimtipps

Die Orte, an denen es kein WLAN gibt. In Mikronesien gibt es die noch zahlreich.

... Vorgehen in schwerem Wetter

Eine Kanne heißen Kaffee kochen.

… Mittel gegen Seekrankheit

Ich habe kaum Probleme mit Seekrankheit gehabt, meine Mitsegler schon. Jeder hat etwas anderes ausprobiert, der eine Pflaster, der nächste Kaugummi. Das Wundermittel gibt es einfach nicht. Aber eine vernünftige Ernährung mit viel Obst mit Vitamin C hilft. Man könnte auch sagen: Augen zu und durch, abwarten bis es vorbei ist – nach zwei, drei Tagen gibt sich das bei allen.

… wichtigstes Ersatzteil

Ein zweiter Satz Reffleinen, die sind bei uns ständig durchgescheuert. Vielleicht liegt's auch daran, dass wir wegen des hohen Mastes sehr häufig im Reff gefahren sind [lacht].

… seglerisches Vorbild

Vorbild nicht unbedingt, aber Wilfried Erdmann hat mich einfach wahnsinnig inspiriert. Vor allem mit den Büchern über seine ersten Reisen.

… hilfreiche Seiten im Internet

Unterwegs nichts, da haben wir ja selbst geschrieben. Oft aber www.noonsite.com.

… Versicherungen auf Weltumsegelung

Auslandsreisekrankenversicherung für drei Jahre, Schiffshaftpflichtversicherung.

… Lieblingsgericht bei Sturm

Nudeln oder Reis mit Tomatenmark in der Pfanne.

… Lieblingsgericht bei Flaute

Eigentlich würde ich sagen: frisch zubereiteter Fisch. Aber bei Flaute fängt man so schlecht Fische.

… bewährte Passatbesegelung

Das Groß mit ausgebaumter Genua.

… nützlichstes Kleidungsstück

Viel hat man ja nicht an, daher: die Sonnenbrille!

… Reiseblog der Weltumsegelung

www.sy-ivalu.blogspot.de

Martin Finkbeiner

Zwölf Fragen an Martin Finkbeiner

Warum wolltest du um die Welt segeln?
Ich hatte Lust, einfach weg zu sein, und überhaupt keine Lust, jeden Tag auf 20 verschiedenen Kanälen ständig erreichbar zu sein. Ich hatte viele Bücher über Weltumsegler gelesen, die die Lust geweckt haben, es selber zu machen.

Ohne was wärst du nie losgefahren?
Ohne eine zuverlässig funktionierende Windfahnensteuerung.

Ein Ausrüstungsgegenstand, auf den du nicht mehr verzichten möchtest?
Epoxy-Zweikomponentenkleber [lacht].

Das Werkzeug, das du am häufigsten in der Hand hattest?
Mein Leatherman.

Die Stärken und Schwächen deines Schiffes?
Die IVALU war ziemlich perfekt für so eine Reise. Sie ist stabil und verglichen mit anderen Fahrtenyachten sehr schnell. Nur Kleinigkeiten würde ich ändern, wie eine größere Badeplattform oder eine feste Sprayhood installieren. Die größte Schwäche war der nicht vorhandene Motor.

Was bedeutet gute Seemannschaft für dich?
Grundsätzlich mag ich das Risiko, segle gern schnell und reize das aus, was das Boot zu bieten hat. Auf der Weltumseglung war das komplett anders. Da bin ich sehr vorsichtig und material-schonend gesegelt. Wichtig war, Boot und Crew sicher ans Ziel zu bringen, auch wenn man dadurch ein bisschen langsamer unter-wegs war.

Was war unterwegs Luxus?
Ein kühles Bier, denn wir hatten ja keinen Kühlschrank an Bord, und gutes Brot.

Was hat dir gefehlt und was gar nicht?
Was ich vermisst habe, war eine richtig gute Brotzeit. Was ich gar

nicht vermisst habe, war mein Handy. Genauso wenig den Kühlschrank – dadurch war das kühle Bier dann eben Luxus.

Hast du je überlegt aufzuhören?

Nö.

Hattest du mal Angst?

Ja, als uns einmal nachts in den Süd-Philippinen ein Boot mehrere Stunden lang gefolgt ist und uns angestrahlt hat. Sonst nicht. Ich hatte und habe einen unheimlichen Respekt vor Wind, Wetter, Meer, Wellen und all dem. Aber ich habe ziemlich genau gewusst, worauf ich mich einlasse.

Welche Eigenschaften sollte man als Weltumsegler haben?

Die nötige Neugierde und den Elan, das durchzuziehen.

Was würdest du beim nächsten Mal anders machen?

Eine dickere Ankerkette mit zehn oder zwölf Millimetern und einen deutlich überdimensionierten Anker dabeihaben. Und mir mehr Zeit nehmen. Mindestens fünf Jahre sind nötig, um mehr von den einzelnen Inseln zu sehen. Drei Jahre insgesamt sind verdammt knapp.

Martin Finkbeiner

Die Segelyacht IVALU

Bootstyp, Baujahr	Einzelbau, 1989 in Hamburg
Werft, Konstrukteur	Sandmeier Werft, Axel Monhaupt
Rumpfmaterial	Aluminium
Länge über Alles	12,80 m
Breite	4,10 m
Gewicht	14 t
Tiefgang, Kielform	2 m
Rigg	Topptakelung mit Kutterstag
Segelgarderobe	Groß, Genua, Rollfock, Spinnaker
Ruderanlage	freistehendes Ruder, Radsteuerung, Windfahne, Autopilot als Reserve
Maschine	Zuerst: Volvo Penta, 41 PS mit 400-Liter-Dieseltank, danach: 48-Volt-Elektromotor mit 18 kW, versorgt von einer Batteriebank mit 200 Ah
Stromversorgung	2 Solarpaneele à 85 W, Windgenerator, 4 Verbraucherbatterien à 108 Ah
Wasserversorgung	Trinkwassertank für 700 Liter, 100 Liter in Kanistern, Regenwasser
Kommunikation	UKW-Funk, Satellitentelefon für Notfall
Navigation	Eingebautes Garmin-GPS, Papierseekarten für fast die ganze Welt, Kartenplotter, AIS, weltweite Seekarten auf dem Laptop, Sextant zum Zeitvertreib
Ankergeschirr	Je ein 20-kg-CQR- und Delta-Anker, 100 Meter 8-mm-Kette, elektrische Ankerwinsch
Beiboot	2,40-m-Schlauchboot mit 4-PS
Sonstiges	Kein Kühlschrank mangels Strom

Sabine und Heinz Solka mit SY SAHÉ *und* SY MAGIC LIFE, *Mai 1995 bis Juni 1998 (Artlenburg–Artlenburg) und August 2004 bis Juli 2015 (Artlenburg–Nonnenweier), etwa 65.000 Seemeilen und 19.000 Flusskilometer, 5113 Tage*

3 Huckepack nach Hause

Schiffe bauen, Leinen lösen: Sabine und Heinz Solka und ihre ungewöhnlichen Reisen über Flüsse und Ozeane

Es wäre übertrieben zu behaupten, dass Sabine und Heinz Solka um die Welt segeln wollten, weil sie in einen Orkan gerieten. Aber zumindest waren die zwölf Windstärken, die sie und ihr Schiff eines Tages erwischten, nicht ganz unschuldig daran.

Anfang der Neunziger auf der Ostsee: Das Paar aus Lüneburg reist im Sommerurlaub noch mit Kofferradio und Brötchentütennavigation von Hafen zu Hafen. Plötzlich, sie segeln entlang der schwedischen Ostküste gen Süden, zwingt ein aufziehendes Unwetter sie dazu, größtmögliches Vertrauen in ihr Schiff zu haben. Es wird nicht enttäuscht – ihre SAHÉ trotzt dem Spuk, und nach 24 schlaflosen Stunden ist die Ostsee wieder Freund statt Feind. »Da haben wir gedacht, wenn unser Schiff das kann, könnten wir doch mal was richtig Dolles machen«, sagt Sabine heute, über 20 Jahre und sieben Ozeanüberquerungen

ca. 65 000 Seemeilen
ca. 19 000 Flusskilometer
5113 Tage

NONNEN-
WEIER
2015

NORDATLANTIK

Azoren
2008

Biskaya
1995

M
se

USA
2011

Gib
2

NORDPAZIFIK

Golf von
Mexico

Kanare
1995, 2008

Galapagos
1996

Karibik
1996
2005–2008
2010, 2011

Kapverden
2010

ÄQUATOR

Marquesas
1996

Samoa
1996, 2012

Tonga
1996,
2012

Tahiti
1996, 2012

Gambierinseln
2012

SÜDPAZIFIK

SÜDATLANTIK

- - - - Weltumsegelung   1995–1998
———— Atlantikrunde   2004–2008
· · · · · Halbweltumsegelung 2010–2015
– – – Frachtschifftransport März–Mai 2015

später. Das »richtig Dolle« ist nicht weniger als eine Weltumsegelung.

Das einzige Problem: Beide sind Mitte 40, berufstätig und
wollen ihre Jobs nicht aufgeben. Also fragen der Fernmeldehand-
werker und die Verwaltungsangestellte, beide im öffentlichen
Dienst tätig, vorsichtig ihre Vorgesetzten, was diese von drei
Jahren unbezahltem Urlaub halten würden. Heinz' Chef, selbst
Segler, sagt zu. Sabines, ein reisefreudiger Nicht-Segler, nach eini-
gem Zögern auch.

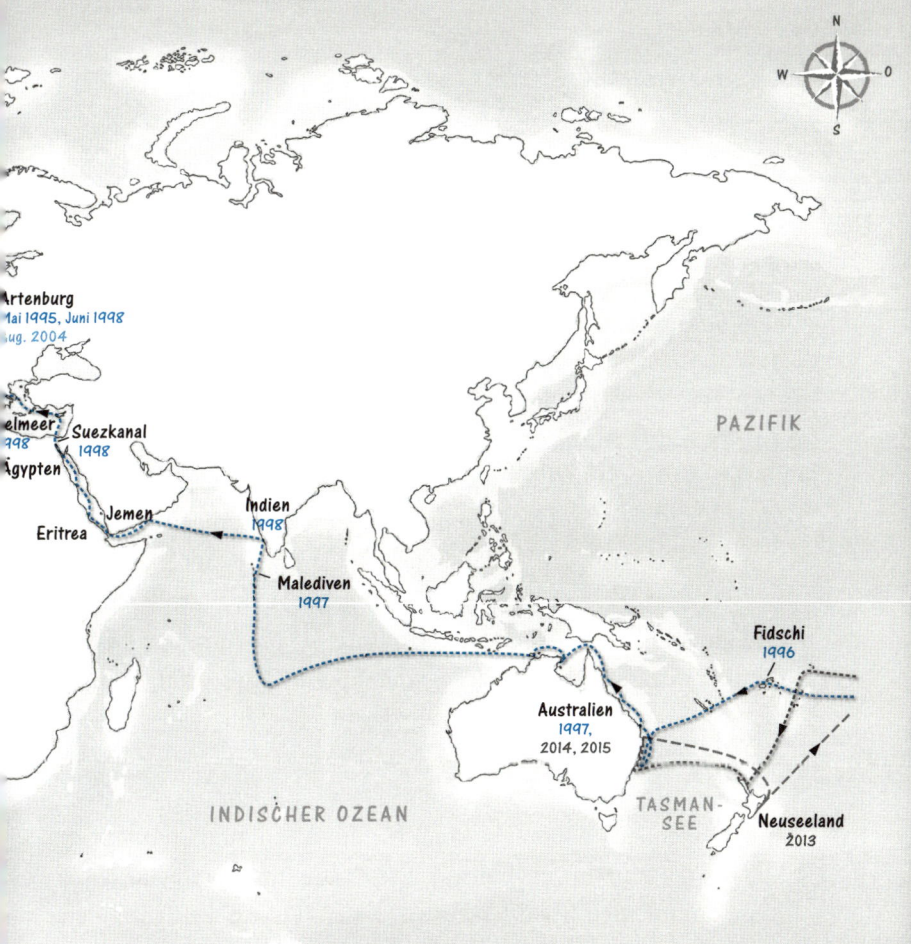

Leinen los

In drei Jahren, am 1. Juni 1995, soll es losgehen. Für Solkas beginnt das Leben der Weltumsegler in spe: sparen und ihr Schiff für die Langfahrt ausrüsten. Letzteres fällt leicht, da Heinz die zehn Meter lange Reinke wenige Jahre zuvor eigenhändig aus Aluminiumplatten zusammengeschweißt hat. Solkas vermieten ihr Haus, verschenken ihr altes Auto, holen Reisechecks von der Bank ab. Sie verlassen Europa entlang der Nordseeküste: kreuzen dichten Verkehr im Ärmelkanal, bewältigen Brecher auf der Biskaya, tasten sich durch Nebel vor der portugiesischen Küste.

Sie folgen der Barfußroute: Atlantik, Karibik, Panama, Galapagos, die Südseeinseln und schließlich Australien mit Zeit für eine ausgedehnte Inlandstour. Den Aufbruch bereuen sie keine Sekunde, genießen jeden Tag. Nur in unbeobachteten Momenten, während der Wache auf langen Segelschlägen, packt Heinz den Zeichenblock aus. So manche Eigenschaft seiner Yacht stört ihn doch – er skizziert ein neues Schiff.

Heinz zeichnet, da der Gedanke, »das machen wir vielleicht noch mal«, schon längst mitreist.

Ein wenig größer, mit tiefer liegenden Kojen, einem größeren Bad und einem Salon, in dem einen (so hofft er) die unruhige Ozeandünung nicht ständig von der Sitzbank in die Pantry katapultiert. Heinz zeichnet, da der Gedanke, »das machen wir vielleicht noch mal«, schon längst mitreist.

Australien verlassen Sabine und Heinz in Richtung Südafrika, entscheiden sich dann aber doch für die Abkürzung durch Suezkanal und Mittelmeer. Landschaft, Kultur und Architektur der Region am Roten Meer fesseln sie. Kairo, Luxor, die Pyramiden, der Duft von Tausendundeiner Nacht. Da das Urlaubsende rasend schnell näher rückt – in drei Monaten müssen sie wieder im Büro sein –, ordern sie einen Revierführer für die französischen Flüsse und Kanäle. Überprüfen Brückendurchfahrtshöhen, Wassertiefen und Schleusenbetriebszeiten auf den 1900 Flusskilometern, die von Marseille an die Elbe führen. Gegenüber der gut doppelt so langen Distanz »außen rum« eine verlockende Abkürzung.

Über 100 Schleusen Richtung Norden

SAHÉ kann mit ihrem Tiefgang von 1,10 Metern die Reise durchs Binnenland problemlos antreten. Einzig den Mast muss das Paar legen. In Port Napoléon, dort, wo die Rhône in die Bucht von

Marseille mündet, bereiten Sabine und Heinz ihr Schiff auf die Flussfahrt vor.

Sie sprechen kein Wort Französisch, doch Hände, Füße und ein Lächeln verschaffen ihnen die wichtigsten Informationen: wer die Vignette verkauft, was in den Tunneln (!) zu beachten ist und wie die Dutzenden vor ihnen liegenden Selbstbedienungs- und Treppenschleusen zu bedienen sind.

SAHÉ tuckert auf Rhône und Saône durch Städte, deren Namen das Verlangen nach Rotwein und knusprigem Baguette auslösen: Arles, Avignon, Lyon – von wohlklingenden Zungenbrechern wie Saint-Michel-sur-Rhône und Saint-Rambert-d'Albon ganz zu schweigen.

Nach langer Zeit auf den Meeren saugen die Heimkehrer die historischen Uferlandschaften wie trockene Schwämme auf.

Nach langer Zeit auf den Meeren saugen die Heimkehrer den Anblick der historischen Uferlandschaften wie trockene Schwämme auf. Dass sie nahe genug ans Ufer heranfahren können, um die Nächte ankernd außerhalb des Fahrwassers zu verbringen, schont die Reisekasse. In der lägen zwar noch ein paar Francs für Sightseeing am Wegesrand, doch die Zeit ist einfach zu knapp.

Bei Mühlhausen im Elsass treffen sie auf den Rhein. SAHÉ gleitet an der Loreley vorbei, an den Weinbergen bei Koblenz und den Flanierpromenaden in Düsseldorf. Anfang Juni biegen die Weltumsegler aus dem Elbe-Seitenkanal in die Elbe ein. 1000 Meter weiter liegt der Heimathafen Artlenburg.

Schade, schon vorbei.

Ein großes Loch fürs Boot im Garten

Sabine und Heinz haben vier Wochen Zeit, um ihr Haus einzuräumen, bevor sie wieder an ihren Schreibtischen Platz nehmen müssen. Es sind exakt dieselben wie vor drei Jahren. Die Rückkehr in den Beruf geht »merkwürdigerweise ganz schnell«, erinnert sich Heinz. »Als wären wir nie weg gewesen.« Daran, dass sie es doch waren, erinnert ein Blatt Papier im Zeichenblock: Die Skizze eines neuen Schiffes. Der Anfang einer neuen Reise.

War es bei Boot Nummer eins noch Heinz selbst, der aus den Plänen des Konstrukteurs ein Schiff baute, suchen Solkas nun eine Werft, die ihre Vorstellungen umsetzt. Der Verkauf von SAHÉ bringt das Startkapital für die neue Segelyacht, die auf den verheißungsvollen Namen MAGIC LIFE getauft werden soll.

Eine Werft im Hamburger Südwesten fertigt schließlich das Aluminiumkasko, das ein Tieflader vor die Haustür der Weltumsegler bugsiert. Den Ausbau der Yacht lässt Heinz sich nicht nehmen. Graben andere im Vorgarten ein Loch, um einen Baum zu pflanzen oder einen Brunnen zu bauen, buddelt er eines für den Kiel seines Schiffes – so steht der Rumpf tiefer und Heinz kann schneller an Deck klettern.

Der Verkauf von SAHÉ bringt das Startkapital für die neue Segelyacht, die auf den verheißungsvollen Namen MAGIC LIFE getauft werden soll.

Der leidenschaftliche Handwerker sägt, schraubt, schleift, flext. Da ein (für Solkas) glücklicher Zufall Heinz den vorgezogenen Ruhestand bringt, ersetzt das Schiff im Loch vor der Haustür den Vollzeitjob. Erst zwei Jahre später findet die Segelabstinenz des Paares ein Ende: MAGIC LIFE ist fertig. Zumindest fertig genug, um erst mal loszusegeln. Sabine hat noch ein paar Jahre bis zur Rente – diesmal kündigt sie.

Pflegeleichter Heimathafen

»Unser Ziel war: segeln, solange es Spaß macht und wohin es Spaß macht«, sagt Sabine. Doch die ersten Meilen mit gesetzten Tüchern lassen auf sich warten: Sie motoren auf den Süßwasserwegen, die sie vor sechs Jahren nach Hause geführt haben, nach Süden – neu ist der Schlenker durch Holland und Belgien.

Sabine und Heinz Solka

Sabine und Heinz überqueren den Atlantik und gondeln mit MAGIC LIFE vier Jahre lang durch die Karibik. Alles ist perfekt – beinahe. Denn mit der Vermietung ihres Hauses in Deutschland werden sie diesmal nicht glücklich, leer stehen soll es aber auch nicht. »Da mussten wir uns entscheiden: Segeln oder Haus«, sagt Sabine. Die Entscheidung fällt, man ahnt es, aufs Segeln.

Für den Hausverkauf in Eigenregie kehren sie samt Schiff nach Europa zurück. Es ist früh im Jahr, Mai 2008, und die Tiefdruckgebiete von Island schicken ihre Ausläufer noch auf den Atlantik. Zwischen den Azoren und Portugal veranlasst der »heftigste Seegang all unserer Segeljahre« Sabine und Heinz dazu, sich im Cockpit festzubinden. »Wir konnten nur noch Dosenobst löffeln und hoffen, dass die elende Schaukelei endlich aufhört.«

Um es kurz zu machen: MAGIC LIFE erreicht die Elbe wieder als Flussschiff, die Immobilie geht weg, Sofa und Stühle ins Lager. Auf dem Rückweg zum Mittelmeer (inzwischen keine Frage mehr, ob »außen oder innen rum«) halten Solkas Ausschau nach einer »pflegeleichten Wohnung« am Rande der Route. Sie wollen endlich wieder los, doch nicht ohne Anlaufstelle in der Heimat. Dort, wo der Rhein die Grenze zwischen Frankreich und Deutschland markiert, wo ein

Sie finden drei Zimmer, Küche, Bad ohne Garten, Treppenhausdienst und andere Verpflichtungen, die auf Weltreise nur nerven.

Schiff auch das ganze Jahr über im Wasser liegen kann, ohne einzufrieren, werden sie fündig. Drei Zimmer, Küche, Bad und weder Garten, Treppenhausdienst, noch andere Verpflichtungen, die auf Weltreise nur nerven. Kaum stehen die Möbel, schließen Sabine und Heinz die Haustür ab und segeln, pardon, motoren wieder los. Es ist Juni 2010. Rhein, Saône, Rhône – nichts Neues mehr, aber nun, aus dem Südsüdwesten Deutschlands, ist dies erst recht der kürzeste Weg ins Mittelmeer.

»Das ist Amerika« – der Great Loop

Zum vierten Mal schaukeln Sabine und Heinz über den Atlantik, das Ziel heißt mal wieder Süßwasser: Bei Miami erreichen sie den Atlantic Intracoastal Waterway. Die Wasserstraße erstreckt sich auf rund 2500 Seemeilen parallel zur US-amerikanischen Ostküste. Ein Netzwerk aus Flüssen, Kanälen und Buchten, in dem sich in den Sommermonaten Scharen amerikanischer Freizeitskipper tummeln. Gleichzeitig ist der »Intracoastal«, wie Kenner schlicht sagen, Teil des »Great Loop« – der »Großen Runde« über die Seen und Kanäle der östlichen USA. Sie ist der Traumtörn vieler Amerikaner, die ein Boot mit nicht mehr als 1,50 Meter Tiefgang besitzen. Auch die Lüneburger Segler wollen die annähernd 10.000 Kilometer in den kommenden neun Monaten im Kielwasser lassen. Im Vergleich zu ihren bisherigen Runden auf dem Atlantik und um die Welt ist es eher ein »Small Loop«.

Solkas amerikanischer Binnentraum beginnt unter Segeln, denn die Brücken über dem Intracoastal sind entweder hoch genug für Yachten wie die ihre oder werden geöffnet. Sie passieren amerikanische Vorgärten, Fort Lauderdale, Cape Canaveral und Charleston, besichtigen Washington mit dem Bus und ankern nachts in Seitenarmen. Nach sieben Tagen in New York reisen sie über den Hudson River weiter nach Norden. In einem Flecken namens Catskill können sie den Mast legen – die Voraussetzung dafür, in den Eriekanal Richtung Buffalo und Niagarafälle abzubiegen.

Die Regeln ihres Cruising Permit für den Great Loop besagen, dass die Crew sich anmelden muss, sobald eine Leine MAGIC LIFE mit dem Festland verbindet. Die Beamten der Homeland Security sind freundlich, ausländische »Looper« treffen sie selten. Manch ein Offizieller will nicht einmal von der Meldepflicht wissen. Nur einmal, im Grenzgebiet der Großen Seen, unterstellen Polizei und Zoll Solkas, illegal aus Kanada eingereist zu sein: *Niemand hält es für möglich, dass sie auf dem Wasserweg vom Atlantischen Ozean kommen.*

Niemand hält es für möglich, dass sie auf dem Wasserweg vom Atlantischen Ozean kommen.

Beinahe hätte das Paar die Rundreise hier, im Norden des Loop, beendet: Heinz träumt von der US-Westküste und überlegt, das Schiff auf dem Straßentransporter zum Pazifik zu bringen. Doch da Transporttermine rar sind und der Winter näher rückt, verlassen sie Chicago Richtung Süden. Über den Illinois River, den stark strömenden Mississippi, den Tennessee-Tombigbee Waterway (Tenn-Tom) und den Tombigbee River erreicht MAGIC LIFE im November 2011 den Golf von Mexiko. Es ist Thanksgiving in den Staaten, und freundliche Anwohner helfen nicht nur beim Maststellen, sondern laden die beiden Deutschen auch gleich zum Truthahnschmaus ein. »Die Hilfsbereitschaft der Amerikaner ist einmalig«, sagt Heinz und erzählt von Hafenmeistern, die Arzttermine organisieren und ihnen unkompliziert den eigenen Autoschlüssel in die Hand drücken. »Das ist Amerika.«

Poker mit dem Wirbelsturm

Die nordamerikanische Rundreise haben Solkas vollendet, ihre Weltreise noch lange nicht. Die Reisekasse reicht noch für ein paar Jahre und Heinz bekämpft den regelmäßigen Lochfraß im Geldbeutel durch anfallende Reparaturen mit seinem persönlichen Hausmittel: selbst machen. Ohnehin empfindet das Paar das Leben unterwegs als günstiger. Sabine erklärt: »Sämtliche Nebenkosten fallen weg, man ist keinem Modediktat unterworfen und in der Karibik kosten drei T-Shirts zehn Dollar. Mehr braucht man ohnehin nicht.«

Heinz schielt nun auf den Teil der Weltkarte, auf dem Kap Hoorn liegt – Sabine lehnt ab, zu kalt. Dann die US-Westküste, von Süden kommend? Lieber nicht, zu viel Wind gegenan. Also segeln sie in den kommenden zwei Jahren noch einmal durch die Südsee zu den Gambierinseln Französisch-Polynesiens und besuchen Neuseeland sowie erneut Australien. Danach, überlegt Heinz, könnten sie über Tahiti und die Marquesas nach Hawaii und von dort endlich an die Westküste der Vereinigten Staaten segeln. Die Route hat er schon abgesteckt.

Doch daraus wird nichts. In der Heimat kommen die eigenen Eltern mittlerweile nicht mehr allein zurecht. Häufige Heimflüge verderben Sabine und Heinz plötzlich die Freude am Reisen. »Wir haben also beschlossen, dass es für uns Zeit ist zu sagen: Es reicht.«

Auf den Seeweg nach Hause, über das Great Barrier Reef, durch die Torresstraße und über den Indischen Ozean Richtung

Heimat, verspüren beide wenig Lust. »Wir wussten ja schon, dass das kein Zuckerschlecken ist«, sagt Sabine. Die Alternative heißt Flugzeug für sie, Frachter für MAGIC LIFE. Sie vergleichen Angebote von Reedereien, wägen ab, für 70.000 Dollar auf der Passage an Bord ihres Schiffes zu wohnen oder es für rund ein Drittel des Preises auf einen Stückgutfrachter zu stellen, der im Laderaum Zwiebeln von Neuseeland nach Europa schippert. Es wird der Zwiebeldampfer. Im Februar 2015 soll Solkas Yacht in New-castle, rund 80 Seemeilen nördlich von Sydney, verladen werden.

Doch 14 Tage vorher meldet sich die Reederei überraschend mit einer Planänderung: Der Frachter läuft nun Brisbane an – 350 Meilen weiter nördlich! Sabine und Heinz müssen sich entscheiden:

Die Solkas fliegen nach Deutschland, die Zwiebeln tragen MAGIC LIFE huckepack nach Hause.

entweder zusagen und versuchen, rechtzeitig dort zu sein, dabei aber die Frachtkosten aufs Spiel setzen. Oder absagen und auf den nächsten freien Platz warten, was Monate dauern kann. »Wir kommen«, antworten sie – ein Pokerspiel.

Tag und Nacht kämpft das Paar sich an der australischen Ost-küste nach Norden vor, macht nur einen kurzen Stopp, um eine Nacht durchzuschlafen. Als auch noch ein Zyklon auf- und vor-beizieht, hinterlässt er sechs Meter hohe Wellen und Starkwind – immerhin aus der richtigen Richtung. Außerdem bremst er das Frachtschiff und verschafft den entscheidenden Tag Vorsprung. Am nächsten Morgen wird der Bock, auf dem MAGIC LIFE den Heimweg antritt, an Deck des niederländischen Stückgutfrach-ters zwischen anderen Yachten festgeschweißt und mit Ketten gesichert. Solkas fliegen nach Deutschland, die Zwiebeln tragen MAGIC LIFE huckepack nach Hause: über Pazifik und Atlantik nach Gibraltar, wo Sabine und Heinz nach genau zwei Monaten wie-der das Kommando übernehmen.

Das letzte Boot hat gerade Wände

Zum fünften Mal fährt das Paar unter Maschine durch Frankreich, Kurs Heimat. War anfangs noch der Weg das Ziel, so sagt Sabine heute, wo der Reiz des Neuen längst verflogen ist, die Vignetten online gekauft und die Schleusen per Funk gesteuert werden: »Das bleibt einem nicht erspart«, und lacht. Vielleicht passiert das, was nun auf den letzten Kilometern einer elf Jahre dauernden Reise passiert, gerade deshalb, weil sie inzwischen jede Kurve auswendig kennen. Sich vielleicht ein wenig zu sicher fühlen: Im Rhein-Rhône-Kanal übersehen sie eine Verengung im Kanal, eine tückische Mauer unter Wasser. MAGIC LIFE knallt bei schlechter Sicht davor. Es kracht fürchterlich, die Bordwand verbeult, im Vorschiff splittert Holz .

Es ist nur ein Materialschaden, der schnell behoben ist und Sabine und Heinz nicht davon abhält, ihren weiteren Unruhestand auf dem Wasser zu planen. Denn Heinz hat wieder gezeichnet: diesmal ein Hausboot mit geraden Wänden, Pfahlankern und einem Keller für Waschmaschine und Werkstatt. Wenn schon nicht mehr die Welt, dann wenigstens die Heimat bereisen, sagen sie sich, verkaufen Schiff und Wohnung und ziehen aufs Hausboot. Die neuen Ziele sind vielleicht nicht so exotisch wie Hawaii oder Tahiti, doch nicht weniger reizvoll: Donau, Seine, Berlin, Paris und – wenn nicht gerade Orkan herrscht – auch wieder die Ostsee.

Es klingt ganz so, als wäre Sabine und Heinz Solkas »Magic Life« noch lange nicht vorbei.

Nachgehakt: Sabines und Heinz' …

… Tipps für Weltumsegler

- Auch auf See dafür sorgen, dass man immer ausgeruht ist. Das heißt genug schlafen, wenn es irgendwie geht.
- Sein Schiff so gut kennen, dass man es selbst reparieren kann. Das spart viel Geld und Zeit.
- Einen zweiten Reisepass mitnehmen. Wenn man sagt, dass man auf Weltumsegelung geht, stellt die Behörde ihn meist unproblematisch aus.

… wichtigste Bücher an Bord

- »Segelrouten der Welt« von Jimmy Cornell.
- Handbücher für Atlantik und Pazifik.
- »Binnengewässer Frankreichs: Alle schiffbaren Flüsse und Kanäle« von David Edwards-May.

… spontane Antworten

Nordsee oder Ostsee? Ostsee. Da ist einfach mehr drum herum und man muss nicht auf die Tide achten. Aber das Wattenmeer hat auch seine Reize.

Atlantik oder Pazifik? Beide sind schön. Der Pazifik hat traumhafte Inseln, aber die Wellen nerven. Der Atlantik ist ruhiger und hat so ein tiefes Tintenblau.

Ankern oder Hafen? Ankern. Die Freiheit ist toll und das Wasser schöner als im Hafen.

… Revier-Geheimtipps

Das Rote Meer, als wir 1998 da waren. Dann Maupiti, das ist nicht so überlaufen. Key West auf den Florida Keys, wo es sehr viel freizügiger zugeht als im Rest der Vereinigten Staaten. Und der Great Loop durch die USA.

… Vorgehen in schwerem Wetter

Das ist abhängig vom Schiff. In unserem Fall: Segel runter, alles festbinden, beidrehen und schlafen legen.

… Mittel gegen Seekrankheit

Immer wenn wir losgesegelt sind, habe ich [Sabine] die ersten zwei Tage gespuckt wie ein Reiher. Da hat Stugeron, ein Mittel gegen Innenohrschwindel in Tropfenform, geholfen. Als Tablette war es noch schlimmer als die Seekrankheit.

… wichtigste Ersatzteile

Die für den Motor und für alle Pumpen. Und Sicherungen.

… seglerisches Vorbild

Niemand. Aber wir haben vor langer Zeit »Komm, wir segeln um die Welt« von Beate Kammler gelesen. Das hat uns angemacht.

… hilfreiche Seiten im Internet

www.noonsite.com, www.greatloop.org, www.water-ways.net (Europas schiffbare Wasserwege), www.adac.de.

… Versicherungen auf Weltumsegelung

Schiffshaftpflichtversicherung (die wir während der Zeit in den

Sabine und Heinz Solka

USA erhöht haben), Auslandskrankenversicherung, Vollkasko-
versicherung für das Schiff während des Schiffstransports.

... Lieblingsgericht bei Sturm
Eingekochtes Gulasch mit Pilzen und Salzkartoffeln.

... Lieblingsgericht bei Flaute
Selbst gemachte Pizza.

... bewährte Passatbesegelung
Schmetterling mit zwei Rollvorsegeln auf nahezu gleicher Höhe.

... nützlichstes Kleidungsstück
T-Shirt und kurze Hose, Badehose und Badeanzug.

Zwölf Fragen an Sabine und Heinz Solka

Warum wolltet ihr um die Welt segeln?
Wir wollten die Welt sehen, nicht nur vorm Fernseher. Und wir
hatten Lust auf Segeln. Auf unseren Reisen konnten wir Länder
entdecken, Menschen kennenlernen und fantastische Natur erleben. Die Mischung macht's.

Ohne was wärt ihr nie losgefahren?
Ohne finanzielle Sicherheit. Es war auf der ersten Weltumseglung
eine Beruhigung zu wissen, dass wir, wenn wir zurückkommen,
Arbeit haben und darauf aufbauen können.

**Ein Ausrüstungsgegenstand, auf den ihr nicht mehr verzichten
möchtet?**
Der Dampfdruckkochtopf zum Einkochen. Und, ganz wichtig,
der Auto- und Windpilot. Selbst steuern mit kleiner Crew ist ein
Albtraum.

Das Werkzeug, das ihr am häufigsten in der Hand hattet?
Ohne Schraubendreher geht nichts. Und natürlich Schraubenschlüssel. Die 13er bis 19er liegen immer griffbereit.

Die Stärken und Schwächen eurer Schiffe?

Bei MAGIC LIFE: Stärken sind die guten Segeleigenschaften und der geringe Tiefgang. Schwächen? Keine. Die Vorteile von SAHÉ waren der geringe Tiefgang, dass man mit ihr trockenfallen konnte und dass sie leicht zu handhaben war. Für längere Reisen fanden wir sie aber etwas unbequem wegen der Dinette-Einrichtung. Uns fehlte eine Leekoje im Salon.

Was bedeutet gute Seemannschaft für euch?

Alles. Das reicht von der sicheren Schiffsführung bei jedem Wetter bis zum absoluten Vertrauen in den anderen.

Was war unterwegs Luxus?

Eine heiße Dusche nach der Ankunft in einem Hafen und ein gut sortierter Supermarkt.

Was hat euch gefehlt und was gar nicht?

Gefehlt hat uns nichts, schon gar nicht der Fernseher.

Habt ihr je überlegt aufzuhören?

Ja, beim zweiten Mal in Australien. Was wir dann ja auch getan haben.

Hattet ihr mal Angst?

Nein, Angst ist kein guter Begleiter, dafür Respekt. Wir haben auch Tagestouren so geplant, als ginge es auf Hochsee.

Welche Eigenschaften sollte man als Weltumsegler haben?

Handwerkliches Können, sein Schiff in- und auswendig kennen und ein wenig Selbstvertrauen haben. Vom reinen Segeln her ist so eine Reise anspruchslos, man muss im Passat manchmal die Segel wochenlang nicht verstellen. Die Anforderungen sind ganz andere: Wenn Probleme auftreten, muss man sie vor Ort lösen, mit dem, was man hat. Irgendwie geht das immer.

Was würdet ihr beim nächsten Mal anders machen?

Nichts.

Sabine und Heinz Solka

Die Segelyacht SAHÉ

Bootstyp, Baujahr	Reinke 10M, 1989
Werft, Konstrukteur	Eigenbau, Kurt Reinke
Rumpfmaterial	Aluminium
Länge über Alles	10 m
Breite	3 m
Gewicht	7,5 t (voll beladen)
Tiefgang, Kielform	1,10 m, Twinkiele
Rigg	Slup
Segelgarderobe	Großsegel, Rollfock, Blister
Ruderanlage	Hydraulische Radsteuerung, Autopilot, Windsteueranlage
Maschine	Perkins, 30 PS, 100-Liter-Dieseltank
Stromversorgung	Windgenerator, Solarzellen
Wasserversorgung	Wassertank für 300 Liter
Kommunikation	UKW-Seefunk, Kurzwellen-Seefunk
Navigation	GPS, Papierseekarten, Radar, Sextant
Ankergeschirr	27-kg-CQR-Anker mit 50 Metern verzinkter 8-mm-Stahlkette
Beiboot	2,60-m-Schlauchboot aus PVC
Sonstiges	Dieselheizung

Sabine und Heinz Solka

Die Segelyacht MAGIC LIFE

Bootstyp, Baujahr	Einzelbau, 2001–2004
Werft, Konstrukteur	Feltz in Hamburg-Finkenwerder
Rumpfmaterial	Aluminium
Länge über Alles	12 m
Breite	3,80 m
Gewicht	13 t (voll beladen)
Tiefgang, Kielform	1,50 m, Langkiel
Rigg	Slup mit Sekundärstag
Segelgarderobe	Großsegel, Rollgenua, Rollfock
Ruderanlage	Mechanische Radsteuerung, Autopilot, Windsteueranlage
Maschine	Volvo, 50 PS, 900-Liter-Dieseltank
Stromversorgung	Windgenerator, Honda-2000-Benzingenerator, 2 Lichtmaschinen à 90 A, 4 Verbraucherbatterien à 100 Ah
Wasserversorgung	2 Wassertanks für insgesamt 580 Liter, Wassermacher seit 2010 (50 l/h)
Kommunikation	UKW-Seefunk, Kurzwellen-Seefunk mit Pactor-Modem (Provider: Sailmail)
Navigation	AIS (Sender/Empfänger), Laptop mit elektronischen Seekarten, Radar, z.T. Papierseekarten
Ankergeschirr	27-kg-CQR-Anker mit 50 Metern 10-mm-Edelstahlkette und 30 Metern Leine, 8-kg-Aluminium-Fortressanker mit 80 Metern Leine, elektrische Ankerwinsch mit 1500 W/12 V
Beiboot	2,60-m-Schlauchboot aus PVC mit Festboden, 3-PS-Außenborder
Sonstiges	Refleks-Dieselheizung, Maststufen

Birgit und Uwe Strüwing mit SY JUBA, *Juli 2011 bis August 2013,*
Ralswiek–Ralswiek, 35.000 Seemeilen, 753 Tage

4 Nach Westen mit der flotten Flotte

15 Monate, 30 Yachten, ein Ziel: Birgit und Uwe Strüwing und ihre weltumspannende Segelrallye

Als das Startsignal ertönt, weiß Uwe, dass die Welt nun vor ihm liegt. Die Linie, an der die Yachten um jeden Zentimeter feilschen, als ginge es um den Sieg beim America's Cup und nicht um den Beginn einer Langfahrtrallye, liegt vor St. Lucia in der Karibik. Wer sie quert, hat vor, um den Globus zu segeln. 26.000 Seemeilen in 15 Monaten. Das ist flott und heißt Ausscheren auf die Überholspur der Blauwassersegler. Im Januar 2012 setzt auch die Bavaria JUBA von Birgit und Uwe Strüwing den Blinker links. Sie bildet mit 29 weiteren Yachten das Feld der World ARC, einem jährlich vom britischen World Cruising Club organisierten Flottillentörn um die Welt.

Hochzeitstag und Hochseeschlag

Für Uwe Strüwing stellt sich die Frage, wie er in den Segelsport gefunden hat, nicht. »Auf Rügen lebste halt am Wasser«, sagt er. Als zwölfjähriger Knirps schippert er erstmals eine Jolle vor der felsigen Inselküste auf und ab, »dann ging das so weiter«. Jahre später fragt er seine Birgit, ob sie sich auch vorstellen könne, zu segeln.

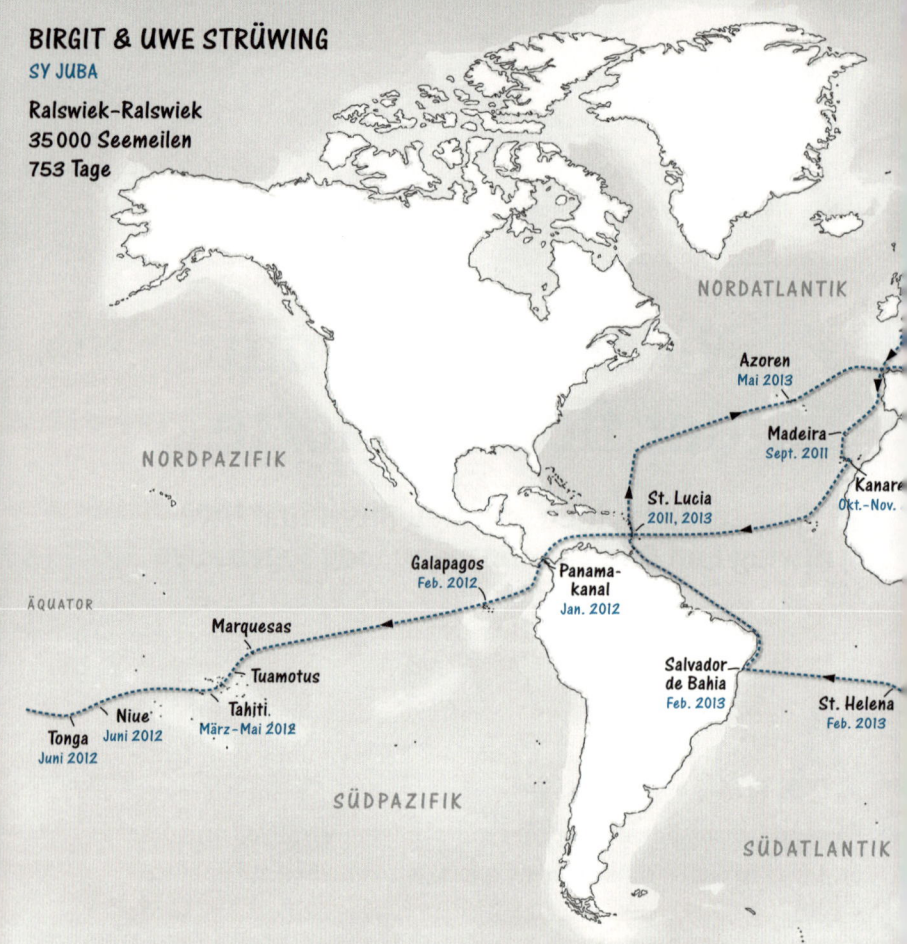

BIRGIT & UWE STRÜWING
SY JUBA

Ralswiek-Ralswiek
35 000 Seemeilen
753 Tage

NORDATLANTIK

NORDPAZIFIK

Azoren
Mai 2013

Madeira
Sept. 2011

Kanare
Okt.–Nov.

St. Lucia
2011, 2013

Galapagos
Feb. 2012

Panama-kanal
Jan. 2012

ÄQUATOR

Marquesas

Tuamotus

Niue
Juni 2012

Tahiti
März–Mai 2012

Tonga
Juni 2012

**Salvador
de Bahia**
Feb. 2013

St. Helena
Feb. 2013

SÜDPAZIFIK

SÜDATLANTIK

Die Antwort ist »Ja« und das Paar kauft kurzerhand ein kleines Segelboot, auf dem Birgit zum ersten Mal eine Pinne in der Hand hält, Segel trimmt und das Ufer hinter dem Heck kleiner werden sieht. »Da hat mich der Segelvirus gepackt«, sagt die Lehrerin und fügt lachend hinzu, dass Uwe ihr anfangs versprechen musste, nur in Ufernähe zu segeln. Sie erkunden die Ostsee, die schließlich – zumindest für Uwe – zu klein wird. Am Hochzeitstag fragt er Birgit, ob sie mit ihm über den Atlantik segeln würde. Wieder ein »Ja«. Bedenkenlos verzichtet Birgit auf das Ufer in Sichtweite.

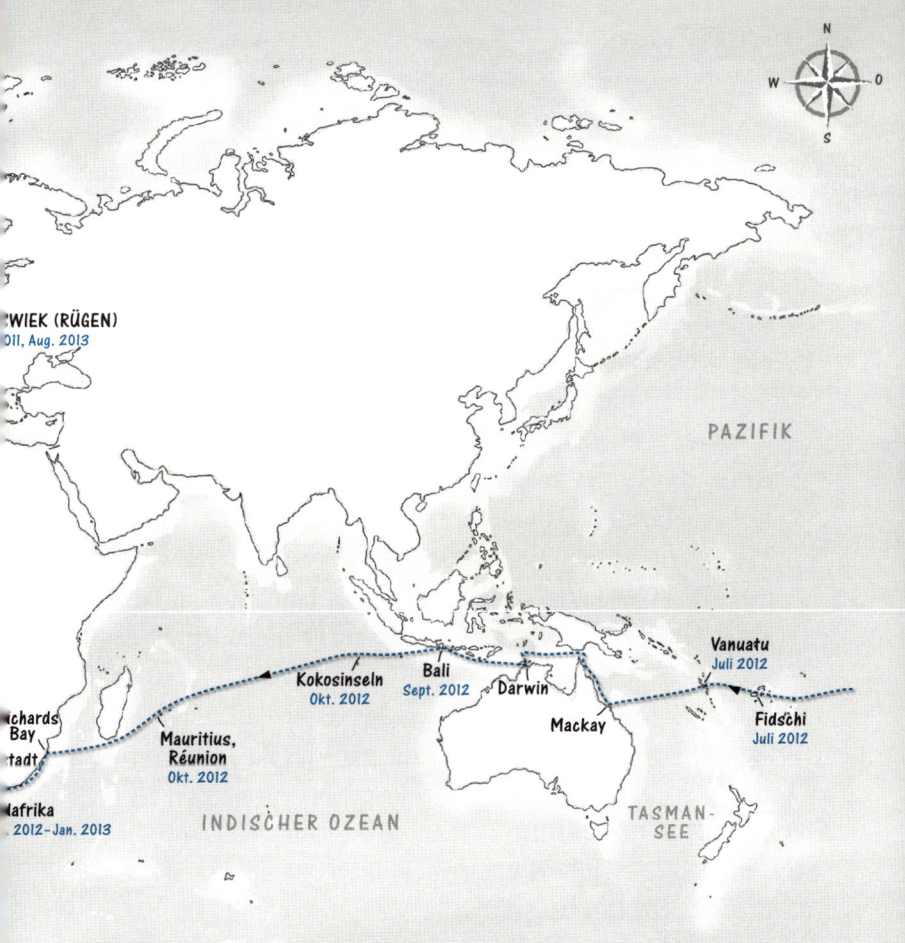

PAZIFIK

Kokosinseln
Okt. 2012

Bali
Sept. 2012

Darwin

Vanuatu
Juli 2012

chards
Bay
tadt

Mauritius,
Réunion
Okt. 2012

Mackay

Fidschi
Juli 2012

lafrika
2012–Jan. 2013

INDISCHER OZEAN

TASMAN-
SEE

Für den Hochseetörn kauft das Paar eine Bavaria 36. Uwe schwört auf Segelboote aus dem Serienbau, »da es die Ersatzteile dafür fast überall gibt«. Mit der Atlantic Rally for Cruisers (ARC), die seit 1986 Segelyachten im Konvoi von den Kanarischen zu den karibischen Inseln führt, überqueren sie erstmals den Ozean zwischen Europa und Amerika. »Mit 220 anderen Yachten. Da haben wir gemerkt, dass uns das Segeln in der Gemeinschaft viel Spaß macht«, sagt Birgit, die sich, kaum drüben angekommen, in die Karibik verliebt.

Wenn die Karibik zu klein wird

Von da an bestimmt ein neuer Rhythmus das Leben der Strüwings: Ihr Schiff bleibt ganzjährig im türkisfarbenen Wasser, während sie selbst in der Hurrikan-Zeit, zwischen Juni und November, nach Rügen zurückkehren, um die Kasse zu füllen. Uwe arbeitet nur noch selten als Bauingenieur, sondern meist als Skipper und Segellehrer. Birgit verdient Geld im touristischen Saisongeschäft der Insel. Vier Jahre lang erforschen sie im Winter mit Chartergästen das Revier zwischen Puerto Rico und Grenada, zwischen Kokospalmen und Badeplattform. Aus zunächst unbekannten Mitseglern werden Freunde, die im nächsten Winter wiederkommen. Das Geschäft läuft – bis zu einem Januartag im Jahr 2010, als der Pulk der World ARC in der Bucht eintrudelt, in der auch JUBA ankert.

Man schnackt, klönt, fachsimpelt. Über Ankerspots, Kettenlängen, Dingi-Stege. Und über die ganz große Tour, von der die Flottille gerade zurückgekehrt ist. Ein Rendezvous mit Folgen: »In unserem Hinterkopf spukte schon lange eine Weltumsegelung. Da haben wir beschlossen, das machen wir auch«, sagt Birgit. Der straffe Zeitplan der Veranstaltung gefällt ihnen: »Mit 56 und 58 Jahren waren wir noch nicht in dem Alter, in dem wir hätten aufhören können zu arbeiten«, erklärt Uwe. Auch der Gesundheitszustand der Eltern ist ein Grund, nach zwei Jahren wieder in Deutschland sein zu wollen.

Aus zunächst unbekannten Mitseglern werden Freunde, die im nächsten Winter wiederkommen.

Ein weißes Blatt mit 29 Punkten

Zurück in der Heimat, legt Uwe ein Blatt Papier auf den Küchentisch. Er schreibt auf, was sie abarbeiten und kündigen müssen: Abos, Versicherungen, Müllgebühr, Finanzamt, Handyvertrag,

Vollmachten – 29 Punkte stehen am Ende auf dem Zettel. »Wir brauchten ein intensives Jahr, um uns von Deutschland zu verabschieden«, sagt Birgit. Sie sparen, verzichten auf eine neue Küche und ein längst überfälliges neues Auto. Auf ein Kalenderblatt im Sommer 2011 malen sie ein dickes rotes Kreuz. »Der fixe Abfahrtstermin ist allein schon wichtig, weil alle Behörden und Versicherungen fragen, wann man denn weg sei. Ob man ihn allen anderen erzählt, ist

> *»Wir brauchten ein intensives Jahr, um uns von Deutschland zu verabschieden.«*

etwas anderes«, so Birgit. Ihr kleines Haus im Herzen Rügens vermieten sie, und der freundliche Herr im Einwohnermeldeamt klebt bei der Abmeldung einen Aufkleber auf ihre Personalausweise: »Kein ständiger Wohnsitz in Deutschland.« Strüwings machen sich frei, bereit für das Leben an Bord.

Das wollen sie auf der Weltumsegelung wieder mit Mitseglern teilen. Interessierte gibt es genug, von denen manche nur kurz, manche gleich für die ganze Weltreise auf JUBA anheuern wollen. Da der Zeitplan der Rallye auf den Tag genau durchgetaktet ist, sind Crewwechsel für alle kalkulierbar. Revierinformationen, Routen und Ratsames zum anstehenden Abenteuer finden Strüwings im Handbuch des Veranstalters. Den riesigen Ordner, schwer wie ein kleiner Klappanker, bringt der Postbote, lange bevor Birgit und Uwe die Haustür hinter sich zuziehen.

Wenn das Boot zu klein ist

Doch die Operation am Rückgrat der Reise steht noch aus: Ihr Schiff ist zu klein. »Nicht für uns, aber für den World Cruising Club«, sagt Birgit. Die Mindestgröße für teilnehmende Yachten beträgt 40 Fuß, gut zwölf Meter. JUBA misst 11,36. Das Paar verkauft sie in der Karibik und erwirbt eine gebrauchte Bavaria 44 (mit knapp 14 Metern eine sichere Sache) im Mittelmeer. Da alles schnell gehen muss – das Frühjahr 2011 hat sich angeschlichen und im Januar 2012 wird die Flottille bereits den Hafen von St. Lucia verlassen –, zieht ein Schwertransporter die neue JUBA auf dem Landweg an die Ostsee, wo Uwe sie entsprechend der vom Veranstalter geforderten Sicherheitsrichtlinien ausrüstet. Zwei kurze Testschläge, Crew einschiffen, Abschiedsfeier und »tschüss, Kreidefelsen«. Kurs Buchtenbummeln.

Doch erst mal warten Binnengewässer: Auf dem Weg gen Süden tuckert JUBA entlang der niederländischen »Stehenden-Mast-Route«, einem Labyrinth aus Kuhwiesen, Windmühlen und Freizeitschippern. Auf der beliebten Umgehungsstraße der Nordseeküste muss selbst der Mast einer Hochseeyacht dank Dutzender Klappbrücken nicht gelegt werden.

Zwei kurze Testschläge, Crew einschiffen, Abschiedsfeier und »tschüs, Kreidefelsen«. Kurs Buchtenbummeln.

Auch unter Segeln macht das neue Schiff der Strüwings sich gut: Ende 2011 schiebt der Passatwind es über die Atlantikwogen, gerade rechtzeitig, um an der Startlinie zur Weltreise aufzukreuzen. Wer will, nimmt es da ernst und an der freiwilligen Regattawertung teil. Das funktioniert so: Am Ende jeder der kommenden 16 Etappen geben die Crews ihre gefahrenen Stunden unter Motor bekannt und die Organisatoren berechnen die schnellste Yacht nach einem Handicap-System. Ein Potpourri weiterer Preise belohnt diejenigen, die es wie Strüwings gemütlich angehen. Prämiert werden die sorgfältigste Routenplanung, die beste Seemannschaft, das schönste Segelfoto, die kreativste Äquatortaufe. Irgendwann ist jeder mal dran.

Wir-Gefühl und Sicherheit

Uwe mag das Sicherheitsgefühl des Segelns im Rudel. Auf See leiten die teilnehmenden Yachten mit englischsprachiger Crew morgens die Funkrunde über Kurzwelle. Die Teilnahme ist Pflicht – Safety first, Ausschlafen second. Positionen werden abgefragt, Sicherheitshinweise durchgegeben, vor Treibgut gewarnt. Da Birgit besser Englisch spricht, übernimmt sie den Funkdienst auf JUBA. Per E-Mail schickt der World Cruising Club den Yachten Wetterdaten und verfolgt sie dank an Bord installierter GPS-Sender auf dem Bildschirm. Auch Freunde können die Reise so im Internet verfolgen.

Zwar zieht sich die Flottille unterwegs auf Hunderte Seemeilen auseinander, »doch die Wahrscheinlichkeit, dass im Seenotfall eine andere Yacht in der Nähe segelt, ist hoch«, sagt Uwe, leider wissend, wovon er spricht: Ein Schiff der Flotte sinkt, nachdem es mit einem unbekannten Gegenstand kollidiert war. Eine Katastrophe, ein Albtraum, es geht alles zu schnell.

»Eine Weltumsegelung bleibt ein gesundes Risiko. Es gibt auch bei der World ARC kein Rundum-sorglos-Paket.«

Die Crew funkt noch Mayday und drei Yachten ändern ihren Kurs. Nach wenigen Stunden ziehen sie die Schiffbrüchigen aus dem Ozean. »Das hätte uns auch passieren können«, räumt Uwe ein. Und erstickt damit gleich die Frage im Keim, ob die Rallye eine Pauschalweltreise auf eigenem Rumpf sei: »Eine Weltsegelung bleibt ein gesundes Risiko. Es gibt auch bei der World ARC kein Rundum-sorglos-Paket. Sie ist ein intensiver, gut organisierter Segeltörn, bei dem den Teilnehmern viel abgenommen wird. Aber die Verantwortung für sein Schiff trägt jeder Skipper selbst.«

Neben der vermittelten Sicherheit ist es das Wir-Gefühl der Weltumsegelung nach Fahrplan, das Birgit und Uwe so schätzen. »Wenn du nach Tagen auf See in eine Bucht oder einen Hafen einläufst, die anderen schon da sind und jubeln ›JUBA! Schön, dass ihr da seid!‹, dann ist das einfach nur toll«, erzählt Birgit.

Mit 14 Metern Länge gehört ihre Bavaria zu den kleineren der Teilnehmeryachten aus aller Welt. Briten sind dabei, Amerikaner, Russen, Japaner, allerlei Europäer. Einige nehmen ebenfalls zahlende Crewmitglieder mit, um die Bordkasse aufzufüllen. Denn Sicherheit und Organisation haben wie immer ihren Preis. 15.000 Euro zuzüglich einer Pauschale für die Eigner und die wechselnde Crew überweisen Birgit und Uwe an den Veranstalter. Einige Posten der Reise sind damit abgedeckt; ein paar Nächte in den Marinas oder die Passage des Panamakanals. Doch die World ARC kostet noch mehr: »Segeldisziplin«, sagt Uwe und lacht. Oft füllt die Truppe nur für wenige Tage eine Bucht, bevor es weitergeht.

»Natürlich hätten wir gern überall mehr Zeit gehabt. Aber wir segeln in einem engen Zeitfenster und müssen zu einer bestimmten Jahreszeit in einer bestimmten Region sein, um Wirbelstürmen zu entgehen.« Ganz egal ob sie Hurrikan im Atlantik oder Zyklon im Pazifik heißen, die Killerstürme schreiben den Fahrplan für Weltumsegler. Sie entstehen nur wenige Grad nördlich und südlich des Äquators, meist auf den Westseiten der Ozeane. Wer sicher um den Globus kommen will, verkrümelt sich daher in den Sommermonaten aus den tropischen Risikogebieten an Orte, die außerhalb des Wirbelsturmgürtels liegen.

Oft warten traditionelle Tänze, Ausflüge ins Hinterland oder ein gemeinsames Dinner am Strand auf die Ankommenden.

Erreicht die Flotte ein neues Ziel, stehen zwei Vertreter des World Cruising Club schon am Steg. Sie sorgen dafür, dass stets jemand die Leinen annimmt und die Liegeplätze reserviert. Mit insgesamt 154 Flügen reist das Team aus dem britischen Segelmekka Cowes den Seglern voraus. Bald kennt jeder die Ansprechpartner in den knallgelben T-Shirts, die auch mal eine Etappe mitsegeln. »Sie haben sich um uns

Birgit und Uwe Strüwing

gekümmert wie unsere Eltern, nur dass sie viel jünger waren«, lacht Birgit.

Die »jungen Eltern« sammeln Crewlisten und Pässe ein, übernehmen das Einklarieren (soweit möglich) und besorgen Cruising Permits (falls nötig). Oft warten traditionelle Tänze, Ausflüge ins Hinterland oder ein gemeinsames Dinner am Strand auf die Ankommenden. Um auch den Robinsons unter den Flotten-Weltumseglern gerecht zu werden, steht regelmäßig Free Cruising, freies Segeln, auf dem Programm. Einige nutzen es für Inselhopping in Eigenregie, andere zum Ankern und Nichtstun. Mal rasten statt hasten.

Steuermannsbesprechung

Juli 2012, Mackay Yacht Club, Australien. Am frühen Morgen trommeln die Organisatoren die Crews zum Briefing für die nächste Etappe zusammen. Es ist ein wenig wie bei der Steuermannsbesprechung vor der Mittwochsregatta: Gedränge, Gelächter, ein wenig Anspannung – nur dass der Kurs länger und das Wasser tiefer ist. Das Team in den gelben Hemden erklärt den Routenvorschlag, die Windverhältnisse und den Wetterbericht für die nächsten Tage. Bilder von Hafeneinfahrten erscheinen auf der Leinwand, dazu Informationen über die Einkaufsmöglichkeiten, das Landprogramm und den Standort des nächsten Geldautomaten. Falls es einen gibt. Mitunter stellen Einheimische für die Segler schlicht einen Holztisch auf. Ein Pappschild verrät, dass es sich um die Bank handelt. »Aber dann gibt es ohnehin meist nicht viel zu kaufen und man braucht kein Bargeld«, sagt Birgit. Wichtiger und üblicher ist dann zu tauschen – eine Zeremonie, die zum ausgewachsenen Dorffest werden kann. Töpfe, T-Shirts und Angelschnüre der Segler wechseln die Besitzer gegen zuckersüße Inselfrüchte und geflochtene Körbe aus Palmenblättern, die Südsee-Pendants zur Plastiktüte.

Bauchschmerzen im Indik

In Australien endet die erste Hälfte der Rallye um die Welt. Neue Teilnehmer stoßen dazu, andere steigen aus. Welthalbumsegler zu sein, ist genug, und dem Schwung des nächsten Jahres kann man ja immer noch folgen. Birgit und Uwe sind froh, ihre Reise von Anfang an mit Mitseglern geplant zu haben. »Mit großer Crew zu segeln, ist weniger anstrengend als mit kleiner«, sagt Uwe. »Die Wachen sind kürzer, die Pausen länger. Der Bedarf an Mitreisenden auf anderen Schiffen stieg mit dem Verlauf der Reise.«

Dennoch fordert der Indische Ozean Strüwings heraus. Erst droht ein verfrühter Zyklon sie einzuholen, dann quälen Birgit Magenkrämpfe. Verdacht auf Blinddarmentzündung mitten auf See, Tausende Meilen vom nächsten Krankenhaus entfernt. Er erweist sich als Fehlalarm – an den Ernstfall mag niemand denken. Schließlich bereitet die raue südafrikanische Küste auch Uwe Bauchschmerzen. Erst beim dritten Anlauf steht das Wetterfenster offen für die 400 Meilen von Durban nach Port Elizabeth. »Dort unten sind nur wenige Schutzhäfen, und die liegen weit auseinander«, sagt der Segler. Es ist eines der wenigen Male, dass

Birgit und Uwe Strüwing

Birgit und Uwe ohne Crew segeln. Die nimmt lieber den Flieger nach Kapstadt.

Belohnt wird das Skipperpaar mit konstantem Passat auf dem Südatlantik und einer Passage nach Brasilien, »die die schönste der ganzen Weltumsegelung war«, sagt Birgit. In Salvador de Bahia datieren sie ihre Rückkehr auf den 3. August. In einem letzten Tauschgeschäft ergattern die Rüganer ein exotisches Äquivalent für den Stander ihres Segelvereins. Weitere Wimpel aus Mackay, Mauritius und Kapstadt liegen schon im Schapp mit den Geschenken.

Verdacht auf Blinddarmentzündung mitten auf See, Tausende Meilen vom nächsten Krankenhaus entfernt.

18 Yachten queren im April 2013 die Ziellinie vor St. Lucia. Auf der Abschiedsfeier fließen Tränen, Visitenkarten wechseln die Besitzer und werden sicher im Kartentisch verstaut. Man verspricht sich, in Kontakt zu bleiben. »Beim Aufbruch vor einem Jahr war jeder noch sehr mit sich selbst beschäftigt. Am Ende waren wir wie eine Familie«, sagt Birgit. Für einige geht die Weltumsegelung in der Karibik zu Ende, doch vor JUBA liegen noch Tausende Meilen bis nach Hause: Nordatlantik, Nordsee, Ostsee. Strüwings tingeln entlang der Biskayaküste und zuckeln wieder durchs friedliche Wiesenlabyrinth. Bummeln kurz vorm Heimathafen gar, um nicht schon vor dem Empfangskomitee in Ralswiek einzulaufen.

Kein Formular für Weltumsegler

Schon am nächsten Tag arbeitet Uwe wieder als Skipper für eine Segelschule, denn in der Bordkasse herrscht Ebbe. Einer der ersten Gänge führt die Weltumsegler zum Einwohnermeldeamt: Der Aufkleber auf dem Personalausweis stört jetzt, doch der Computer verlangt nach einer Anschrift für die Zeit der Abwesenheit. »Weltumsegelung« kennt das Formular nicht. Erst als Birgit improvisiert und die Adresse der letzten Marina nennt, ist der Beamte zufrieden.

Im Herbst ziehen Strüwings zurück in ihr Haus. Uwe findet eine Stelle als technischer Leiter, Birgit als Erzieherin. Jobs mit dem Potenzial, wieder zu sparen. Für eine zweite Weltumsegelung? Vielleicht. Die Vorbereitungen für die nächste Reise treffen sie immerhin schon – durch Verzicht: »Indem wir kein einziges Abo mehr abschließen«, lacht Uwe. Damit nicht wieder 29 Punkte auf der Liste landen, die das Ablegen verzögern könnten.

Nachgehakt: Birgits und Uwes ...

... Tipps für Weltumsegler
- Nehmt euch Zeit für eine gute Vorbereitung. Je mehr Segel-erfahrung, desto besser.
- Der Schiffstyp ist egal, Hauptsache ihr fühlt euch sicher und wohl.
- Lebt euren Traum und segelt los, sonst kommt ihr nicht weg.

... wichtigste Bücher an Bord
- »Segelrouten der Welt« von Jimmy Cornell.
- »Seglerlexikon der Welt: Küsten und Häfen weltweit« von Jimmy Cornell.
- Wörterbuch Englisch-Deutsch.
- Die aktuellen Revierführer.

... spontane Antworten
Nordsee oder Ostsee? Ostsee. Keine Tide und keine Strömungen wie in der Nordsee.

Atlantik oder Pazifik? Von der Natur her der Pazifik, vom Segeln her der Atlantik, besonders der Südatlantik.

Hafen oder Ankern? Das ist situationsabhängig.

... Revier-Geheimtipps

Es war überall schön, jedes Ziel besonders. Die San-Blas-Inseln, die Kokosinseln und Galapagos waren fantastisch. Wir sind einfach Fans der Karibik mit ihren dicht beieinanderliegenden Inseln.

... Vorgehen in schwerem Wetter

Rechtzeitig reffen, Ruhe bewahren, die Position und den Ausweichkurs bestimmen.

... Mittel gegen Seekrankheit

Ruhig am Schiff ankommen und abschalten. Birgit wurde nicht seekrank, Uwe nur zweimal, in der Biskaya und vor Cuxhaven. Unsere Gäste waren meist für eine vorbeugende Reisetablette dankbar.

... wichtigstes Ersatzteil

Impeller und ein GPS in Reserve.

... seglerisches Vorbild

Wilfried Erdmann, aber ohne ihn nachahmen zu wollen. Er hat Pionierarbeit geleistet.

... hilfreiche Seiten im Internet

www.noonsite.com, www.bobbyschenk.de.

... Versicherungen auf Weltumsegelung

Schiffshaftpflicht-, -kasko- und Auslandskrankenversicherung.

... Lieblingsgericht bei Sturm

Wir hatten nie Sturm! Aber wenn Kochen nicht möglich ist, dann vorbereitete Stullen. Eventuell eine Bockwurst dazu.

... Lieblingsgericht bei Flaute

Alles, was man zu Hause auch macht. Sofern wir es an Bord hatten.

... bewährte Passatbesegelung

Ausgebaumte Genua und Groß im Schmetterling.

... nützlichstes Kleidungsstück

Alles, was gegen die Sonne schützt: Hut, Sonnenbrille, lange T-Shirts.

... Reiseblog der Weltumsegelung

www.juba-sailing.de

Zwölf Fragen an Birgit und Uwe Strüwing

Warum wolltet ihr um die Welt segeln?

Es war ein Langzeittraum. Irgendwann wollten wir endlich sehen, was hinter dem Horizont liegt. Heute lesen wir die Bücher der bekannten Weltumsegler wie Erdmann oder Schenk mit ganz anderen Augen. Und können nun sagen: Da waren wir auch.

Ohne was wärt ihr nie losgefahren?

Ohne Motor, gut funktionierende Kommunikations- und Navigationsmittel.

Ein Ausrüstungsgegenstand, auf den ihr nicht mehr verzichten möchtet?

Die Schnorchelausrüstung.

Das Werkzeug, das ihr am häufigsten in der Hand hattet?

Zehner- und 13er-Schraubenschlüssel.

Die Stärken und Schwächen eures Schiffes?

Die große Stärke ist, dass wir uns sicher gefühlt haben. Bis auf den ein oder anderen Ausrüstungsgegenstand, den wir gern noch gehabt hätten, gibt es keine Schwächen.

Was bedeutet gute Seemannschaft für euch?

Teamgeist und verantwortungsbewusster Umgang mit Crew und Schiff. Das beinhaltet ganz viel.

Was war unterwegs Luxus?

Süßwasser für die Körperhygiene.

Was hat euch gefehlt und was gar nicht?

Uwe hat Schwarzwälder Kirschtorte und einen großen Eisbecher mit Sahne und Erdbeeren vermisst, Birgit Süßwasser. Der Fernseher hat gar nicht gefehlt.

Habt ihr je überlegt aufzuhören?

Nein. Aber in Cairns in Australien brauchten wir eine Segelpause. Die Reise zehrt und ist körperlich anstrengend.

Hattet ihr mal Angst?

Ja, als Birgit auf dem Indischen Ozean heftige Bauchschmerzen bekam. Auch vor Treibgut hatten wir Angst, es schwimmt einiges in den Meeren. Und als einmal Unbekannte schnell auf JUBA zurasten. Aber sie stellten sich als Fischer heraus.

Welche Eigenschaften sollte man als Weltumsegler haben?

Abenteuerlust, Neugierde und Geduld sowie die Bereitschaft, langsam zu reisen.

Was würdet ihr beim nächsten Mal anders machen?

Die Ausstattung perfektionieren: Für Birgit käme ein Wassermacher und für Uwe ein Dieselgenerator an Bord. Aber es geht auch alles ohne.

Birgit und Uwe Strüwing

Die Segelyacht JUBA

Bootstyp, Baujahr	Bavaria 44, 2003
Werft	Bavaria Yachtbau
Rumpfmaterial	GFK
Länge über Alles	13,95 m
Breite	4,25 m
Gewicht	12 t
Tiefgang, Kielform	1,80 m, Kiel mit Bombe
Rigg, Takelung	Sluptakelung, 7/8-Rigg
Segelgarderobe	Rollgenua, Rollfock, Rollgroß
Ruderanlage	Radsteuerung, freistehendes vorbalanciertes Ruder, Autopilot
Maschine	Volvo Penta, 55 PS, 210-l-Kraftstofftank
Stromversorgung	Solarmodul mit 150 W, Lichtmaschine mit 60 A, 2 Verbraucherbatterien à 180 Ah, Benzingenerator
Wasserversorgung	2 Tanks à 360 Liter, zusätzlich 1,5 Liter in Flaschen pro Person und Tag
Kommunikation	UKW-Seefunk (eingebaut und Hand-funk), AIS-Empfänger, Iridium-Satelliten-telefon, Kurzwellen-Seefunk mit Pactor-Modem (Provider: Sailmail)
Navigation	PC mit elektronischen Karten, GPS, Kartenplotter
Ankergeschirr	22-kg-Pflugscharanker mit 50 Metern 10-mm-Kette und 100 Meter Leine, 24-kg-Danforth-Anker mit 10 Metern 8-mm-Kette, elektrische Ankerwinsch mit 1000 W
Beiboot	2,70-m-Feststoffdingi mit 5-PS
Sonstiges	Dieselheizung

Dr. Michael Leppert mit SY MARIPOSA, *seit August 2006, ab Bordeaux, bisher etwa 60.000 Seemeilen und 4000 Tage*

5 Michaels Mission

Aussteigen und Gutes tun: Dr. Michael Leppert und seine segelnde Zahnklinik auf zwei Rümpfen

Mit unangenehm hohen Tönen zerfetzt der pfeifende Bohrer die Harmonie am Ankerplatz. Es will nicht recht passen: glasklares Wasser, schneeweißer Sand, leichter Passatwind – und dann dieses Geräusch. Fast ebenso befremdlich, wenngleich liebenswert: die Zuschauertraube um den Behandlungsstuhl, die jedes Zucken der jungen Patientin mit Freudengejohle und Klatschen quittiert. Endlich ist die Prozedur vorbei, das Mädchen aus Vanuatu richtet sich auf und verzieht vorsichtig das Gesicht zu einem Lächeln.

Ein ganz normaler Moment an Bord der MARIPOSA von Zahnarzt Dr. Michael Leppert. Seit über zehn Jahren segelt der deutsche Mediziner um die Welt und versorgt die Menschen in seiner schwimmenden Zahnklinik dort, wo es keine ärztliche Infrastruktur gibt, mit Füllungen, Wurzelkanalbehandlungen und Zahnputzwissen. Bald 50 Länder hat er bereist, über 7000 Patienten behandelt, unzählige Zähne repariert – nicht wenige gezogen. Dabei stand, Pardon, schwamm Lepperts Behandlungsstuhl nicht immer in der Ankerbucht.

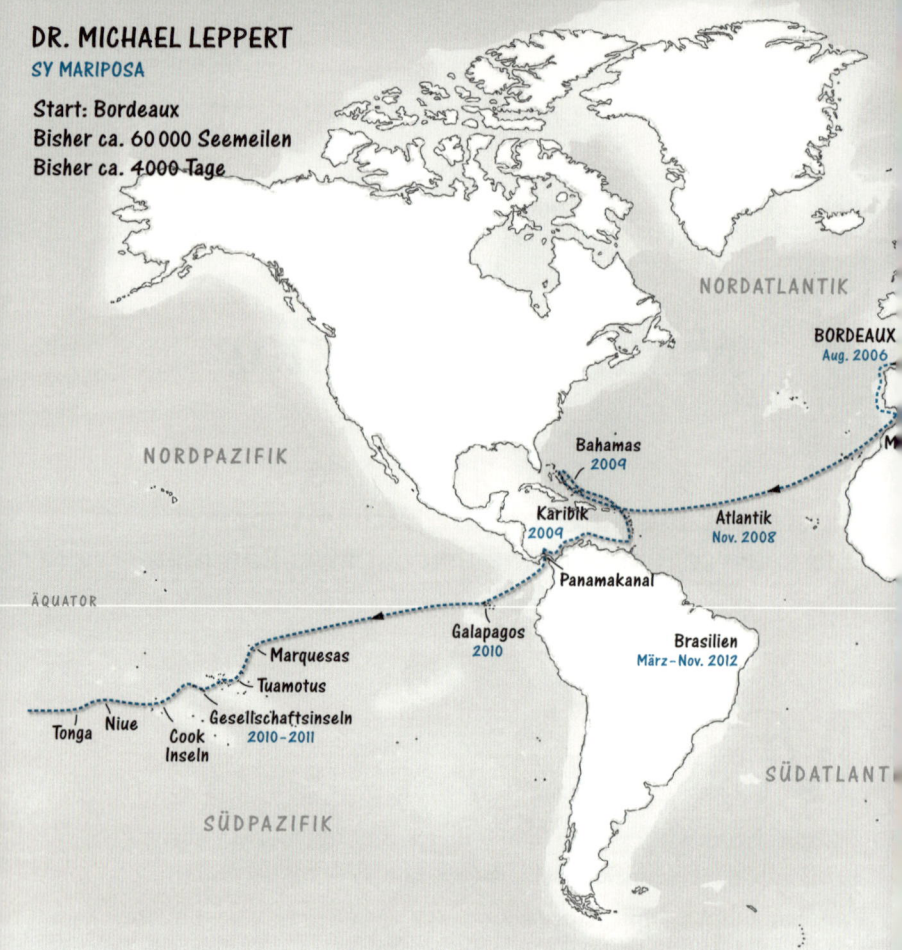

DR. MICHAEL LEPPERT

NORDATLANTIK

BORDEAUX
Aug. 2006

Bahamas
2009

NORDPAZIFIK

Karibik
2009

Atlantik
Nov. 2008

Panamakanal

ÄQUATOR

Galapagos
2010

Brasilien
März–Nov. 2012

Marquesas

Tuamotus

Tonga Niue Gesellschaftsinseln
2010–2011

Cook
Inseln

SÜDATLANT

SÜDPAZIFIK

Schiffspatent und Zahnpatient

Bevor der gebürtige Badener 2006 alles verkauft und seinen Lebensmittelpunkt auf See verlegt, hat er seine Patienten 20 Jahre lang in der eigenen Praxis behandelt. Sieben Tage die Woche, von sehr früh bis sehr spät. Michael ist das, was man – und er selbst auch – einen Workaholic nennt, ein Arbeitstier. Die Quittung folgt; zweimal bricht er am Behandlungsstuhl zusammen, zweimal lautet die Diagnose: Überarbeitung. »Da nahm ein befreundeter Arzt mich beiseite und meinte, beim dritten Mal

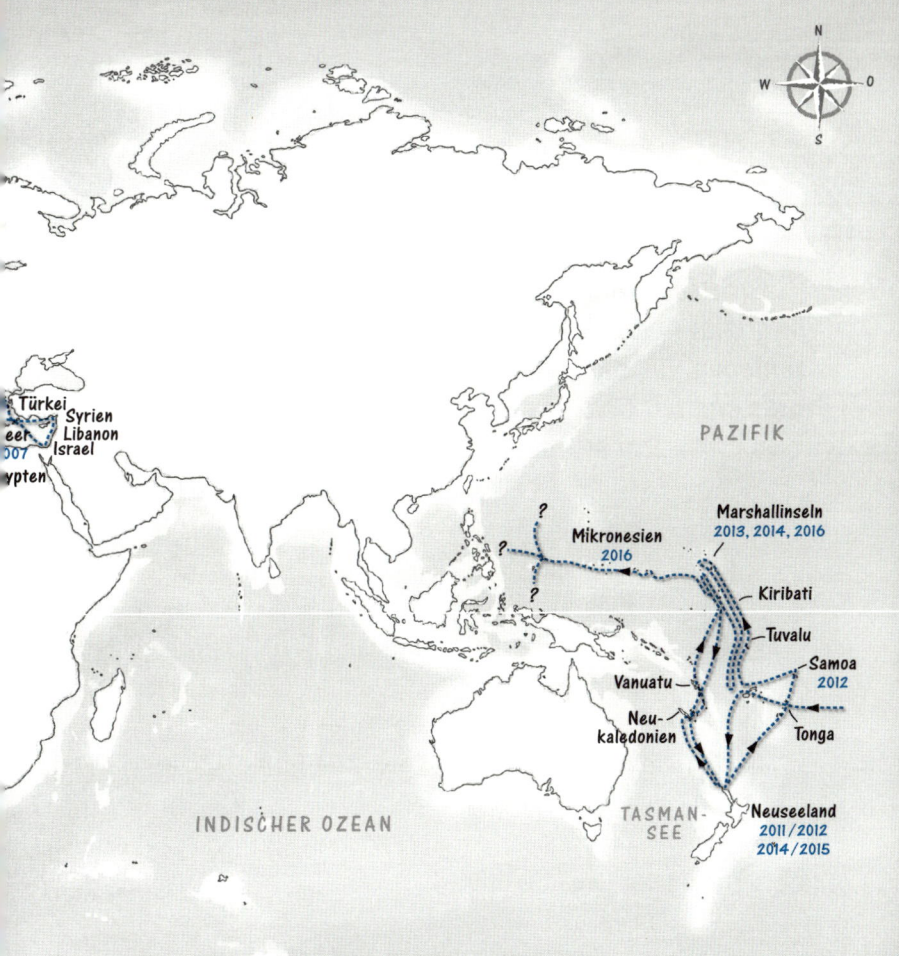

würde ich mir die Radieschen von unten anschauen«, erinnert
sich der Mann mit den freundlichen Augen und dem herzlichen
Lachen. »Das hat mir zu denken gegeben.« Kurz darauf ist die
florierende Praxis mit gut 40 Mitarbeitern an zwei Kollegen verkauft. Und Michael, gerade 56, frei, das zu tun, wovon er seit
Jahren in den kurzen Arbeitspausen immer geträumt hat: weit
weg segeln. Und dabei Gutes tun.

»Die Idee von einem Schiff mit einer Praxis für humanitäre
Hilfe hatte ich schon, als ich meine damalige Praxis gründete«,

erzählt der Sohn eines Zahnarztes, der selbst nie einer werden wollte. Sein Werdegang liest sich wie das Einmaleins des Ausprobierens, des Zu-sich-Findens. Ein Unruhegeist par excellence: Der gelernte Elektromechaniker holt das Abitur an der Abendschule nach, geht dann zur Seefahrtsschule. Auf dicken Pötten fährt er über Ozeane und macht schließlich sein Hobby mit einer Segelschule auf Elba zum Beruf. Kurz vor dem 30. Geburtstag segelt er allein nach Australien.

Yachtüberführungen finanzieren das Studentenleben, bis die eigene Praxis endlich Geld in die Tasche spült.

»Die Technik an der Zahnmedizin hat mich dann aber doch gereizt«, sagt der Arzt im Unruhestand heute. Damals schreibt er sich, kaum zurück von der Einhandtour, an der Uni ein. Yachtüberführungen finanzieren das Studentenleben, bis die eigene Praxis schließlich erstmals richtig Geld in die Tasche spült. Ihr Verkauf und der des Hauses reichen, um den kühnen Samariterplan in die Tat umzusetzen. Als Einhandsegler jedoch – seine Ehe zerbricht vor der Abfahrt.

Der erste weite Flügelschlag

18 Schiffe hat Michael besessen, nun braucht er ein ganz spezielles. Eine Yacht, von der er weiß, dass sie seinen Ansprüchen an Platz und Komfort genügen wird. Eine Yacht, die Raum hat für eine mobile Behandlungseinheit, die seiner bisherigen in nichts nachsteht: Mit Bohrer, Turbine, Absaugung, Röntgengerät. Michael entscheidet sich für einen Katamaran – 16 Meter lang, fast neun Meter breit. Dutzende Quadratmeter Lebens- und Arbeitsraum auf zwei Rümpfen.

»Ich glaube, in den meisten von uns steckt noch der Aberglaube, dass an Bord alles spartanisch sein muss, ohne den Komfort von zu Hause«, sagt Michael. Waschmaschine, Trockner, drei Kühl-

Michael Leppert

schränke, eine Tiefkühltruhe und eine Räucheranlage gehören bei ihm so selbstverständlich dazu wie das Zähneputzen am Abend. »Energie ist heute kein Problem mehr. Lieber etwas mehr billige Stromerzeugung mit Solar und Wind als zu wenig.« Bei allem Komfort kennt auch der Katamaransegler den aus Platzmangel erwachsenden Pragmatismus: Der Behandlungsstuhl ist ein drehbarer Autosessel, der am Navigationsplatz steht, wenn nicht gerade ein Zahnproblem in ihm liegt.

2006 wirft der Mediziner die Leinen seiner nagelneuen MARIPOSA an der französischen Atlantikküste los. Der Bootsname ist spanisch und bedeutet »Schmetterling«, in Anlehnung an die zwei Rümpfe. Auf Schlägen durch das Mittelmeer, bis weit hinein in die Levante, macht er sich mit seinem schwimmenden Haus vertraut. Wechselnde Mitsegler und Mitseglerinnen begleiten ihn. Michael genießt die Freiheiten des neuen Lebens, macht endlich Pause von der 70-Stunden-Woche.

Zwischen den Rümpfen spielen sich mitunter magische Momente ab.

Hier, vor der Haustür Europas, gibt es noch nicht viel zu behandeln – nur wenige Patienten in Syrien, Ägypten, Marokko. Dazu beschäftigen ihn die Kinderkrankheiten seines werftneuen Schiffes.

Nach zwei Jahren im Mittelmeer breitet MARIPOSA ihre Flügel für den großen Satz über den Atlantischen Ozean aus. Mit an Bord: die neuen Mitsegler Ingo und Birgit. Wie auf Schienen zieht der 23 Tonnen schwere Katamaran über die See, in seinem Autosessel am Naviplatz arbeitet der Skipper selbst bei zwei Metern Welle. Zwischen den Rümpfen spielen sich mitunter magische Momente ab: Ein Wal schwimmt eine knappe Stunde exakt zwischen ihnen, nutzt den Kat bei ruhiger See als Reiseabschnittsgefährten. Durch ein Luk schaut Michael direkt ins Auge des Meeressäugers, der schließlich langsam abtaucht, ohne die Schwimmer zu touchieren. »Das war beeindruckend«, sagt der Segler noch heute über die nicht ganz unkritische Begegnung.

Die Atlantiküberquerung wird für die beiden Mitsegler zur Anhalterfahrt mit Folgen: Birgit verliebt sich in das Leben an Bord, lässt ihres hinter sich und bleibt fortan auf MARIPOSA. Ingo stellt fest, dass Seereisen nichts für ihn sind.

Dorthin, wo kein anderer hilft

Ein Jahr lang bereist Michael die karibischen Inseln; Bahamas, Antigua und Barbuda, Dominica, schließlich Venezuela, Kolumbien und Panama. Freunde und seine Tochter kommen aus der Heimat zu Besuch, segeln ein Stück mit, reisen wieder ab.

Einmal das Unterwasserschiff säubern für fünf bis sechs Zahnfüllungen – das sind Zahlungsmodalitäten, die es wohl nur in der Klinik auf dem Katamaran gibt.

Knapp 200 Patienten finden in der Karibik ihren Weg an Bord. Zu wenig für Michaels Mission. Nicht umsonst liegen unter den Bodenbrettern der Kojen die Heiligtümer einer Dentalpraxis bereit, deren Wert den so mancher Yacht auf großer Fahrt ohne Mühe übersteigt. Der segelnde Arzt will weiter, zu den armen und abgelegenen Inseln inmitten der endlosen pazifischen Wassermassen. Dorthin, wo Yachten, ausstaffiert wie seine, eher selten, eigentlich nie vorbeikommen. Bald lassen die Schleusen des Panamakanals MARIPOSA in den Pazifik hinab.

Die Behandlungen werden zahlreicher, je weiter die schwimmende Praxis nach Westen gelangt: Über rund 300 offene Münder beugt Michael sich zwischen Mittelamerika, Galapagos und den Gesellschaftsinseln. Auch das ist noch verhältnismäßig wenig: »In Französisch-Polynesien ist nicht so viel Hilfe erforderlich, da dort viele Ärzte aus Frankreich praktizieren«, erklärt der deutsche Arzt. So bleibt ihm genug Zeit für all das, wofür

Michael Leppert

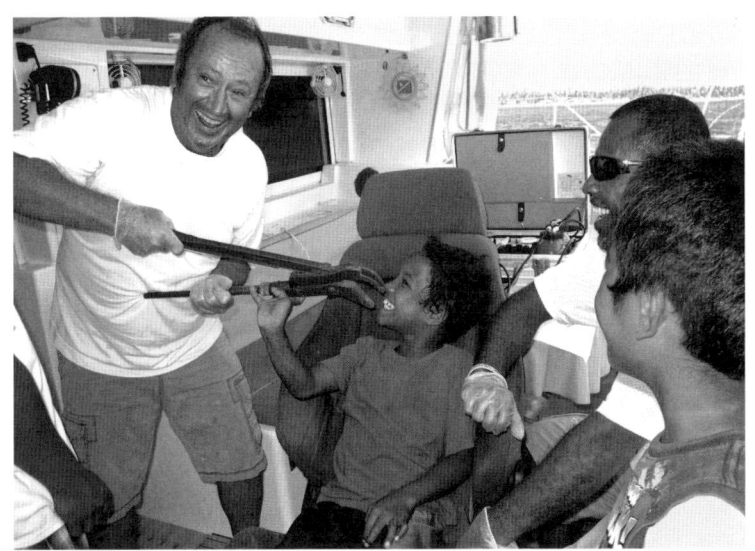

der »normale« Weltumsegler seine Reise unternimmt: Buchtenbummeln auf den Marquesas, Perlentauchen auf den Tuamotus,
Schnorcheln mit Riffhaien und Rochen, Inselausflüge, Tanzfes-
tivals, Radtouren, Wracktauchen. Kokoskrabben und Hummer
fangen und sie am Abend mit den Yachties von nebenan beim
gekühlten Rosé genießen.

Rund 500 Patienten nehmen im Folgejahr, auf der Reise zu
den Cookinseln, nach Niue, Tonga und Fidschi im Behandlungsstuhl an Bord Platz, gut 700 im Jahr darauf, als MARIPOSA Samoa,
erneut Fidschi, Tuvalu und Kiribati besucht. Die Tausendermarke
knacken schließlich Aufenthalte auf den schwer erreichbaren
Inseln des Nordpazifiks, wo Michael die Jahre 2013 und 2014
verbringt. Immer noch kein Vergleich zu seinem Pensum aus dem
Landleben, aber doch genug, um die segelnde Einmannpraxis
auszulasten – und sie nach nunmehr zehn Jahren langsam an ihre
finanziellen Grenzen zu bringen.

20 Euro kostet ein Patient ihn im Schnitt. 20.000 Euro stellt Michael jährlich aus eigener Tasche für sein autonomes Hilfsprojekt zur Verfügung, dazu kommen 2000 bis 3000 Euro deutscher Sponsoren: Zahnarztpraxen, Dentallabore, Yachtausrüster. Kein Modell für die Ewigkeit, »aber ein wenig kann ich das noch machen«, lacht der Arzt. Weitere 20.000 Euro gehen im Jahr für Versicherungen drauf, noch mal 20.000 fürs Leben und Genießen desselben. »Das Teuerste ist normalerweise der Schiffsunterhalt. Und den bewältige ich zum Großteil selbst.« Gelegentlich bekommt er Unterstützung anderer Segler: Einmal das Unterwasserschiff säubern für fünf bis sechs Zahnfüllungen – das sind Zahlungsmodalitäten, die es wohl nur in der Klinik auf zwei Rümpfen gibt.

Aus Deutschland holt Michael Material für Schiff und Praxis. Der Rekord: 280 Kilogramm in 15 Koffern.

Für ein Jahr im Voraus ist sie mit Materialien und Medikamenten aus Deutschland gefüllt. Michael ordert unkompliziert in seiner alten Praxis. Alle ein bis zwei Jahre fliegt er in die Heimat, um mit Zentnern an zahnmedizinischem und bootsspezifischem Material zurückzukehren. Einsamer Rekord bisher: 280 Kilogramm, verstaut in 15 Gepäckstücken.

Wartesaal mit Trampolin

Auf vielen Außeninseln eines Pazifikarchipels kommt ein ausgebildeter Arzt nur alle paar Jahre mal vorbei. Das Versorgungsschiff mit Cola, Chips und weiteren Gaumenfreuden für Karius und Baktus immerhin alle paar Monate. Eine Krankenschwester ist hier oft das Nonplusultra der medizinischen Versorgung – der nächste Arzt, das nächste Krankenhaus Hunderte, wenn nicht Tausende Meilen entfernt auf Tahiti, in Neuseeland oder Australien, Asien oder den USA. Die Reise ist teuer, meist unbezahlbar für die Einheimischen. Zwar arbeiten auf den Hauptinseln durchaus ein bis zwei Zahnärzte, nicht selten sind die Behandlungsmethoden aber noch rudimentär, Werkzeuge kaputt und Ersatz nicht vorhanden. Mund auf, Zahn raus ist häufig die Devise.

Entsprechend groß ist stets die anfängliche Skepsis vor dem Deutschen mit dem großen Schiff und den blitzenden Apparaten: »Wenn ich irgendwo ankomme, weiß ja niemand, dass ich Zahnarzt bin«, erzählt Michael. »Ich gehe zum Bürgermeister oder der Krankenschwester, zeige meine Genehmigung, in dem Land arbeiten zu dürfen, und erkläre, dass ich an Bord Zahnbehandlungen durchführen kann. Meist bringe ich Bilder mit und frage, ob es im Ort Leute mit Schmerzen gibt.« Die gibt es fast immer. Viele Münder haben seit Jahren nicht, manche noch nie den kritischen Blick eines Fachmanns im weißen Kittel gesehen. Auch wenn der auf MARIPOSA längst knallbunte T-Shirts trägt.

Bei aller Lässigkeit läuft jedoch auch in der schwimmenden Praxis wenig ohne Absprache. »Bei meinem Antrittsbesuch machen wir Termine für die Behandlungen aus.« Pro Dorf meist ein bis zwei Tage, manchmal länger – je nach Bedarf. Es sind Tage, an denen Michael sich seinem alten Pensum nähert: Um sieben Uhr, nachdem er das Achterdeck bereits frühmorgens in eine Zahnklinik verwandelt hat, fängt er an und beugt sich nicht selten bis spätabends über den umgelegten

Der Katamaran mit seinem einladenden Trampolin ist ein faszinierender Wartesaal. Eine abenteuerliche Welt für die meist jungen Patienten des Pazifiks.

Autositz. Dann noch zwei bis drei Stunden abbauen und desinfizieren. 50 Patienten am Tag sind keine Seltenheit.

Die Zahnbehandlungen an Bord kommen gesellschaftlichen Ereignissen gleich, bei denen die neugierigen Zuschauer sich so um den Patienten drängen, dass kaum Platz für die wichtigen

Handgriffe bleibt. »Meine Hand wird schon mal zur Seite geschoben, wenn sie die Sicht versperrt«, schmunzelt Michael. Dennoch scheint die Überwindung, den Gang zum Zahnarzt anzutreten, kaum einfacher zu sein, als gemeinhin in Deutschland. »Erst kommen nur etwa fünf Patienten mit dem Auslegerkanu angesegelt oder werden im Kommunalboot zu MARIPOSAs Ankerplatz gefahren. Wenn die dann lachend zurückfahren, kommen mit der nächsten Fuhre gleich viele weitere.«

Mehr als zehn sollen eigentlich nicht gleichzeitig das Deck belagern, doch meist kommen gleich 15 bis 20 Insulaner, wenn Michael mit dem Schiffshorn das Signal zum »Crewwechsel« gibt. Der Katamaran mit seinem einladenden Trampolin ist ein faszinierender Wartesaal. Eine abenteuerliche Welt für die meist jungen Patienten von den pazifischen Inseln.

In Ausnahmefällen lädt Michael sein Equipment ins Dingi und baut die mobile Praxis für einige Tage an Land auf. Dann etwa, wenn MARIPOSA außerhalb eines Riffs ankern muss oder Personen mit eingeschränkter Mobilität dringend Versorgung benötigen.

Gegenwind im Paradies

Besonderen Dank erwartet der Zahnarzt im Unruhestand von seinen Patienten für die kostenlosen Behandlungen nicht mehr. »Das Überschwängliche ist hier nicht so üblich«, weiß Michael inzwischen. »Eher wird noch gefragt, wer das Benzin für die 500 Meter zur Yacht zahlt. Oft bekommt man das Gefühl vermittelt, dass man glücklich sein darf, sie behandeln zu dürfen. Manche bringen aber eine Kokosnuss, eine Bananenstaude oder selbst gemachten Schmuck mit.«

Seine Motivation, Zeit und Geld dafür herzugeben, um Zahn für Zahn im Pazifik zu sanieren, zieht der agile Mittsechziger aus den Türen, die sich durch seine Hilfe öffnen. »Man hat schneller Kontakt mit den Menschen, bekommt Zugang zu ihrem täglichen Leben. Alle grüßen dich, oft werde ich zum Mittag, zu traditionellen Veranstaltungen oder Festessen eingeladen, die du als Normalsterblicher gar nicht zu sehen bekommst. Wenn ich zum zweiten Mal auf eine Insel komme, ist das Hallo groß und das Schiff schnell voll.«

Auch der Austausch mit regionalen Kollegen reizt den Deutschen: Medizinmänner zeigen ihm, mit welchen Heilpflanzen sie welche Krankheit behandeln. Im Gegenzug versetzt er sie mit der Medizintechnik des dritten Jahrtausends in Erstaunen. Zu alldem kommt sein wohl angeborenes Helfer-Gen: »Die Praxis ist mir sehr wichtig. Kein Patient soll aufstehen und dabei nicht lachen. Oft ist man an Orten, wo Menschen seit Monaten Schmerzen haben

Momente, in denen man sich überallhin wünscht, nur nicht auf die Weltmeere, gehören auch bei Michael dazu.
Sehr selten jedoch.

und daran sterben, dabei sind einfache Eingriffe lebensrettend. Außerdem genieße ich ja auch, behandele nur noch ein bis zwei Tage die Woche.« In einigen Schulen im Pazifik ist seit Dr. Lepperts Besuch Zähneputzen ein Pflichtfach auf dem Stundenplan. »Komme ich dann Monate oder Jahre später wieder und sehe den Erfolg, ist das sehr schön für mich.«

Doch Michael verspürt Gegenwind im Paradies: Bevor er in einem Land oder Inselstaat das erste Mal den Bohrer ansetzt, braucht er eine, oft kostenpflichtige, Zulassung des jeweiligen Gesundheitsministeriums. »Das ist ja auch gut so, um Scharlatanerie zu unterbinden«, sagt er. »Das Problem ist nur, dass du alles abgibst: Approbation, Geburtsurkunde, Abiturzeugnis und vieles mehr. Dann tut sich monatelang nichts mehr und du musst selbst die Initiative ergreifen und Druck machen oder die richtigen Leute kennen.« Nach zehn Jahren im Pazifik weiß er um das Spiel – und ist enttäuscht. »Das Desinteresse ist zum Teil groß.

Das kostet Nerven und Zeit. Ich kenne viele Ärzte auf Yachten, die ihre Hilfe deshalb eingestellt haben.«

Dazu kommt, dass natürlich auch Michael den Regeln und mitunter Pleiten des Weltumsegelns unterworfen ist: weiterziehen vor den Wirbelstürmen, regelmäßige Sicherheitschecks weit oben im Mast, lange Refit-Monate in Neuseeland. Tonnen an Salzwasser, die auf einer Überfahrt Segel zerfetzen oder durch die offene Salontür in die Rümpfe rauschen und Vorräte für Monate vernichten. Momente, in denen man sich überallhin wünscht, nur nicht auf die Weltmeere, gehören auch bei Michael dazu. Sehr selten jedoch.

Denn er kann es nicht lassen, sein Helfersyndrom erstreckt sich nicht nur auf Zähne, Wurzeln und Unterkiefer: Mal eben schnell eine Solarzelle und einen Wasseraufbereiter installieren, ein Funkgerät reparieren, angehende Zahnärzte an Bord trainieren – das alles scheint er en passant noch aus dem Ärmel zu schütteln. »Technisch bin ich ganz gut drauf«, sagt Michael.

Angekommen?

Auf dem größten Ozean der Erde hat Zahnarzt Leppert sein Zuhause gefunden, fühlt sich sicher und gebraucht. Die Ambition, seine Reise zur Weltumsegelung zu vollenden, ist ihm fremd. Meilen hat er mehr als genug. Auch an Land zieht ihn (noch) nichts zurück, eher reizen neue Ziele im geliebten Pazifik – über die Philippinen und Japan nach Alaska und über Hawaii zurück nach Polynesien oder langsam nach Australien vielleicht. »Der Pazifik wird mich noch eine Weile halten. MARIPOSA ist mein Haus, ich kann mir kein anderes Leben mehr vorstellen«, sagt Michael. Und schiebt noch hinterher: »Nur am Strand sitzen macht einen wahnsinnig. Irgendeine Aufgabe braucht der Mensch.«

Das dürfte dann auch die Antwort auf die Rastlosigkeit des deutschen Arztes sein, der losfuhr, um die Welt zu besegeln und die Zähne der Vergessenen zu heilen.

Michael Leppert

Nachgehakt: Michaels …

… Tipps für Weltumsegler

- Den eigenen Traum erst mal testen, zum Beispiel in einem Sabbatjahr, und schauen, wie er in Wirklichkeit ist.
- Wenn man sicher ist: losfahren, sobald man das Schiff und einen gewissen Grundstock an Barem oder konstante Einnahmen hat. Nicht mit Einnahmen unterwegs kalkulieren und so wenige Verpflichtungen und Kosten in der Heimat wie möglich haben.
- Sich nicht unter zeitlichen Stress setzen. Drei Jahre würde ich als Minimum ansehen.

… wichtigste Bücher an Bord

- Technische Bücher für Reparaturen, möglichst inklusive Fehlersuch-Diagramm.

- Wörterbücher, Reiseführer, Navigationsbücher.
- Alles andere elektronisch und je nach Geschmack.

… spontane Antworten

Nordsee oder Ostsee? Da segle ich nicht. Aber wenn ich es zu entscheiden hätte: Ostsee, weil sie schöner und gemütlicher ist. *Atlantik oder Pazifik?* Der Atlantik ist schön, aber da herrscht mehr Kriminalität. Wegen der angenehmen Temperaturen und dem klareren Wasser ist der Pazifik für mich ein richtig schönes Revier. Aber wenn man mal krank ist, ist man vom Atlantik in acht Stunden in Deutschland, von hier im Pazifik sind es knapp drei Tage.

Hafen oder Ankern? Ankern. Ich weiß gar nicht mehr, wie man das Wort Hafen schreibt. Ich bin nicht auf Wasser und Strom angewiesen, das macht unabhängig.

… Revier-Geheimtipps

Fast alle Gegenden, die abseits der Standardrouten liegen. Am meisten Südsee-Feeling dürfte es noch in Französisch-Polynesien geben, mit den vielen unterschiedlichen Landschaften auf den Marquesas, den Tuamotus oder den Gesellschaftsinseln.

… Vorgehen in schwerem Wetter

Ihm so weit es geht ausweichen oder guten Schutz suchen. Kommt man hinein, freien Seeraum ansteuern, wo man auch ohne Segel ablaufen kann.

… Mittel gegen Seekrankheit

Stugeron war früher und ist heute immer noch angebracht. Leichtes Essen, nichts Fettiges. Ich selbst bin noch nie seekrank geworden und würde auf See auch Schweinebraten essen.

… wichtigstes Ersatzteil

Das Wichtigste gibt es nicht, dafür ist das Thema zu vielfältig. Auf alle Fälle die Dinge für die notwendigsten Schiffsfunktionen.

… seglerisches Vorbild

Ich habe kein Vorbild.

Michael Leppert

… hilfreiche Seiten im Internet

Auf www.noonsite.com erfährt man viel über fast alle Länder: zum Beispiel über Risiken, Einklarierung, Wetterbesonderheiten. Wetterseiten wie www.windyty.com und Google Earth zum Sat-Bilder-Herunterladen.

… bewährte Passatbesegelung

Ich habe zwar einen Blister und einen Parasailor, aber normalerweise benutze ich nur das Vorsegel.

… Versicherungen auf Weltumsegelung

Eine weltweite Haftpflicht für Schiff und Personen und in meinem Fall auch für medizinische Tätigkeit; eine weltweit gültige Krankenversicherung, die Versicherung zu Hause würde ich auf Anwartschaft umstellen, nicht kündigen; Kaskoversicherung für das Schiff, aber ab der Karibik wird's teuer und nicht alle Anbieter versichern weltweit.

… Lieblingsgericht bei Sturm

Alles, was lecker ist. Auf dem Kat koche ich auch bei schlechtem Wetter mehrgängig.

… Lieblingsgericht bei Flaute

Auch da gilt: auf was man gerade Lust hat und was an Bord ist. Ist es zu heiß, zum Beispiel etwas Leichtes wie frischen rohen, auf verschiedene Arten zubereiteten Fisch.

… nützlichstes Kleidungsstück

Nix. Aber T-Shirt, Shorts und Kappe gegen die Sonne müssen auch mal sein.

… Reiseblog der Weltumsegelung

www.cat-mariposa.com

Zwölf Fragen an Michael Leppert

Warum wolltest du um die Welt segeln?

Seit ich meine Praxis verkauft habe, möchte ich in abgelegenen Gebieten zahnmedizinisch helfen. Dabei muss es gar nicht um die Welt gehen. Der Pazifik ist sehr schön und abwechslungsreich. Und in der heutigen Zeit wohl die sicherste Gegend auf der Welt, da kommt auch Deutschland nicht mit.

Ohne was wärst du nie losgefahren?

Ohne vorher zu Hause alles geklärt zu haben.

Ein Ausrüstungsgegenstand, auf den du nicht mehr verzichten möchtest?

Den Wassermacher, ein gutes Dingi, Kühlung an Bord.

Das Werkzeug, das du am häufigsten in der Hand hast?

Schraubendreher, Schraubenschlüssel, Zange.

Die Stärken und Schwächen deines Schiffes?

Segelt man weder in die extremen Gebiete noch viel gegenan, ist der Kat das beste Reisemittel und das Segeln schnell, komfortabel und ruhig. Das Raumangebot ist unwahrscheinlich, man sitzt nicht im Keller, kann im Cockpit hin- und herlaufen und hat von innen Rundumblick. Man kann wie in einem Haus leben, und auch die Bewegungen vor Anker sind ruhiger als bei einem Einrumpfer. Ein weiterer Vorteil: Bei einer Kollision schwimmt ein Rumpf immer noch. Ein Kat würde sehr viel langsamer sinken. Das größte Problem unterwegs hingegen ist, an abgelegenen Orten einen Platz zu finden, wo der breite Kat mal an Land gehoben werden kann. Und wenn du viel in Häfen bist, schlägt die Liegeplatzgebühr zu Buche. Natürlich kann ein Katamaran kentern, auch wenn das aufrichtende Moment sehr groß ist. Sobald der Rumpf rauskommt, ist es zu spät. Da der Kat lange aufrecht segelt, merkt man gar nicht so schnell, ob es mit 20 oder 35 Knoten bläst. Rechtzeitiges Reffen ist das A und O.

Wenn ich nachts segle, binde ich immer ein Reff mehr ein, als nötig ist.

Was bedeutet gute Seemannschaft für dich?
Safety first. Keine Risiken eingehen. Das Schiff technisch in Ordnung halten. Weit draußen wartet man vergebens auf Hilfe.

Was ist unterwegs Luxus?
Der größte Luxus ist das freie Leben und Reisen. Ist man länger in abgelegenen Gebieten, sind Dinge wie ein großer Kühlschrank, ein Tiefkühler, ein Wassermacher oder eine Waschmaschine schon Luxus, von dem ich vor 20 Jahren noch nicht mal zu träumen wagte.

Was fehlt dir und was gar nicht?
Vielleicht mal eine frische Crème fraîche oder Zutaten aus Italien. Sonst ist eigentlich alles besser.

Hast du je überlegt aufzuhören?
Nein. Ich wollte das Reisen mit meiner Arbeit kombinieren. Das war die beste Entscheidung meines Lebens.

Hattest du mal Angst?
Nein, aber Sicherheit steht bei mir an erster Stelle. Ich habe allein 40 Kilogramm Löschmittel an Bord.

Welche Eigenschaften sollte man als Weltumsegler haben?
Das Reisen und das Leben auf dem Schiff lieben, andere Kulturen und Lebensarten akzeptieren und sich damit identifizieren. Nicht nur in Länder reisen, um sich die Rosinen herauszupicken und die Gastfreundschaft zu genießen, sondern auch helfen.

Was würdest du beim nächsten Mal anders machen?
Weniger mitnehmen, zum Beispiel weniger teure Leinen. Ich habe fast ein Tonne Ersatzteile an Bord. Alles Lebenswichtige ist doppelt oder dreifach da.

Michael Leppert

Die Segelyacht MARIPOSA

Bootstyp, Baujahr	Lagoon 500, 2006
Werft, Konstrukteur	CNB in Bordeaux, Lagoon
Rumpfmaterial	GFK
Länge über Alles	16,20 m
Breite	8,60 m
Gewicht	23 t
Tiefgang	1,60 m
Rigg	Sluptakelung, 7/8-Rigg
Segelgarderobe	Großsegel, Rollgenua, Rollfock, Sturm-fock, Rollgennaker, elektrische Winschen
Ruderanlage	Hydraulik-Schubstange, Autopilot
Maschine	2 x 75-PS-Saildrive, 4 x 250-l-Dieseltank
Stromversorgung	Verbraucherbatterien (insg. 1800 Ah), bis zu 2 kW Solarstrom, 2 Wind- plus 7,5-kW-Generator, Lichtmaschine (220 A)
Wasserversorgung	4 Tanks à 250 Liter, 80 Liter in Kanistern für Notfall, 12-V-Wassermacher (60 l/h)
Kommunikation	UKW- und Kurzwellen-Seefunk, Iridium-Satellitentelefone
Navigation	AIS (Sender/Empfänger), Radar, Kartenplotter, Sextant für Notfall
Ankergeschirr	48-kg-Delta-Anker (130 m 12-mm-Kette), 40-kg-Bügelanker mit 10 m 10-mm-Kette und 100 m Leine, 2 Aluminium-Fortress-anker mit 10-mm-Ketten und Leinen, elektrische Ankerwinsch mit 2 kW
Beiboot	3,60-m-Hypalon-Schlauchboot (25 PS), 2,30-m-Hypalon-Schlauchboot (2 PS)
Sonstiges	Waschmaschine, Trockner, Werkstatt, Dieselofen, Segelmacher-Nähmaschine

Ingrid und Jürgen Mohns mit SY JOSI, *Juni 1992 bis August 2015,
Wedel–Wedel, 93.000 Seemeilen, 8395 Tage*

6 Zwischen Hamburg und weit weg

Rekordverdächtig langsam: Ingrid und Jürgen Mohns und ihre 23 Jahre dauernde Reise

»**W**enn du mich fragst, wo's am schönsten war, sag ich Sansibar«, singt Achim Reichel 1991. Seine Salzwasser-Ballade »Aloha heja he« katapultiert ihn in die Hitparaden und hartnäckiges Fernweh in die Herzen der Hörer. Ein Zufall, dass Ingrid und Jürgen Mohns ein Jahr später zur Weltumsegelung aufbrechen?

Fragt man sie heute, wo's am schönsten war, braucht die Antwort ein wenig. Was nicht weiter verwundert, denn das Paar war 23 Jahre unterwegs. Hat in über 8000 Tagen zweimal die Welt umsegelt, fast ein Drittel des bisherigen Lebens an Bord verbracht.

Zehn Logbücher liegen ordentlich gestapelt auf dem Schreibtisch im Haus am Hamburger Stadtrand, in das Ingrid und Jürgen zurückgekehrt sind. Darüber eine Weltkarte, auf der dünne schwarze Striche den Reiseverlauf nachzeichnen. Unauffällig steht »93.000« am unteren Rand: Es ist die Anzahl der Seemeilen, die sie im Kielwasser gelassen haben. Gut 172.000 Kilometer. 30 Atlantiküberquerungen oder vier Erdumrundungen am Äquator entsprechen in etwa dieser Distanz.

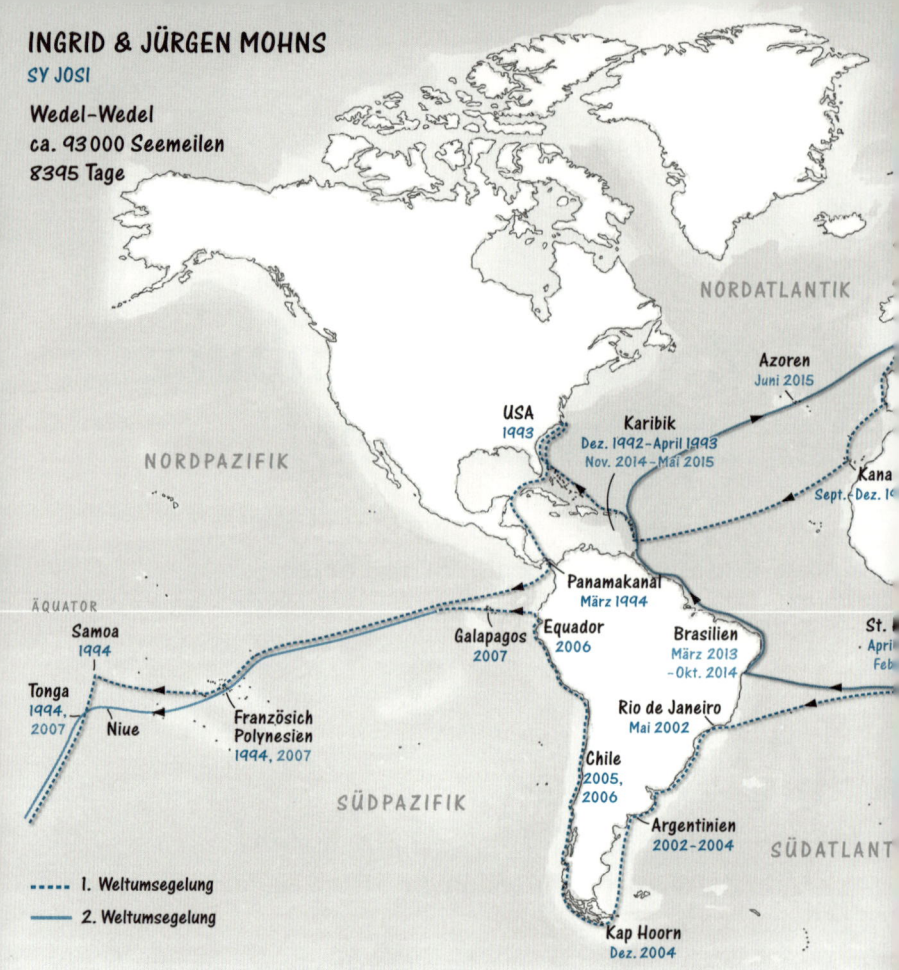

NORDATLANTIK

NORDPAZIFIK

ÄQUATOR

SÜDPAZIFIK

SÜDATLANT

Azoren
Juni 2015

USA
1993

Karibik
Dez. 1992–April 1993
Nov. 2014–Mai 2015

Kana
Sept.–Dez. 1

Panamakanal
März 1994

Samoa
1994

Galapagos
2007

Equador
2006

Brasilien
März 2013
–Okt. 2014

St.
April
Feb

Tonga
1994,
2007

Niue

Französich
Polynesien
1994, 2007

Rio de Janeiro
Mai 2002

Chile
2005,
2006

Argentinien
2002–2004

Kap Hoorn
Dez. 2004

- - - - I. Weltumsegelung
——— 2. Weltumsegelung

Ein Schiff für alle Meere

Aber jeder fängt mal klein an. Mit der Jolle auf dem Autodach
fahren Mohns als junge Eltern ans Mittelmeer, bis der Nachwuchs zu groß und das Bötchen zu klein wird. Auf Kielbooten
schippern sie über Ost- und Nordsee. Und hören vielleicht einmal
zu oft den Satz: »Wer auf der Nordsee segeln kann, kann überall segeln.« Plötzlich reden Ingrid und Jürgen von Korallenriffen
statt Seegatten, von Palmen statt Sanddünen und von Zielen, die
nur findet, wer über Ozeane segelt. Beide sind infiziert von dem

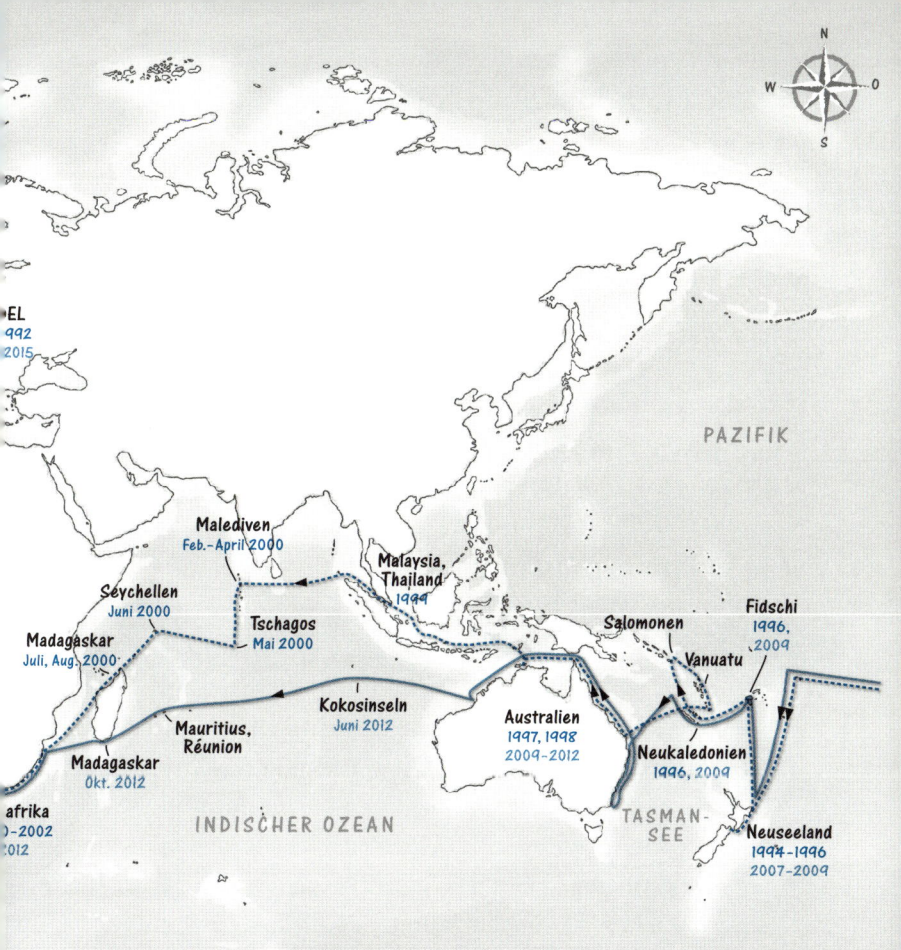

EL
992
2015

Malediven
Feb.-April 2000

Seychellen
Juni 2000

Tschagos
Mai 2000

Madagaskar
Juli, Aug. 2000

Malaysia,
Thailand
1999

Salomonen

Vanuatu

Fidschi
1996,
2009

PAZIFIK

Mauritius,
Réunion

Kokosinseln
Juni 2012

Australien
1997, 1998
2009-2012

Neukaledonien
1996, 2009

Madagaskar
Okt. 2012

afrika
0-2002
012

INDISCHER OZEAN

TASMAN-
SEE

Neuseeland
1994-1996
2007-2009

Gedanken, wollen aber nicht mit der kleinen Yacht aus Kunststoff aufbrechen, die sie zu dem Zeitpunkt besitzen. Sie suchen ein Schiff aus dem Material, zu dem Jürgen auf zahllosen Seereisen als Funkoffizier Vertrauen gewonnen hat: Stahl.

Inspiriert durch die Segelyacht von Freunden, eine Motiva 42, geben sie dieses »Schiff für alle Meere« *(Yacht)* bei der dänischen Werft in Auftrag. Jedes Wochenende verbringen sie in der Fertigungshalle, wo Jürgen selbst Hand anlegt: Elektrik, Heizung, Toiletten und vieles mehr installiert der gelernte Radio- und Fernsehtechniker. Das Resultat ist ein Schiff, das jedem, der es betritt, ins Ohr zu raunen scheint: »Los komm, segel mit mir hinaus. Weit hinaus! Warum nicht um die Welt?« Denn die Stahlketsch ist der Inbegriff von Robustheit: Das Mittelcockpit und der Decksalon mit Steuerstand strahlen nicht nur Sicherheit aus, sie geben sie auch.

Ihre Hochseekarriere wollen die Hamburger mit einer Runde um den Atlantik beginnen. Doch bereits während des Schiffbaus reisen die Gedanken weiter. »Wir waren in unseren Träumen schon über die Karibik hinaus und haben mit Kap Hoorn geflirtet«, lacht Ingrid. Da sie die Seekarten für Reviere jenseits der Atlantikküsten schon besitzen und die

> *»Los komm, segel mit mir hinaus. Weit hinaus! Warum nicht um die Welt?«*

Weltmeere mit dem Finger bereits mehrfach sehnsüchtig überquert haben, steht bald fest: Wir starten zur Weltreise. In sechs bis sieben Jahren auf der Passatroute einmal rum. Warme Socken, die Freunde ihnen auf der Abschiedsparty schenken, wandern vorsichtshalber ins Gepäck. Nur für den Fall, dass aus dem gedanklichen Flirt mit dem kalten Kap mehr werden sollte.

Wenige Stunden vor dem Auslaufen im Juni 1992 schließt Jürgen schnell noch das Neueste an, was die Technik damals hergibt: ein GPS-Gerät. Mohns sind noch von der alten Schule – bis zum Abreisetag haben sie ihre Position mittels Radiopeilung und terrestrischer Navigation bestimmt. Sie verstehen es noch, mithilfe der Sterne zu navigieren und verlassen sich auf 600 Seekarten aus seewasserfestem Papier. Sie wären auch ohne Hilfe aus dem All losgesegelt.

Auf Matratzen zwischen Kindern und Katzen

Warten Eltern oft mit der Verwirklichung eigener Reiseträume, bis die Kinder aus dem Haus sind, ist bei Ingrid und Jürgen das

Ingrid und Jürgen Mohns

Gegenteil die Eintrittskarte zur großen Freiheit. Sohn Oliver und Tochter Sylvia, beide Anfang 20 als die Eltern aufbrechen, bleiben im Elternhaus wohnen. Oliver hat längst die Firma des Vaters übernommen, Sylvia arbeitet bei einer großen Fluggesellschaft und ermöglicht den Eltern weltweit günstige Flüge. Ingrid fasst zusammen: »Unsere Voraussetzungen waren optimal.« So bleibt ihnen, das Auto abzumelden und 100 Flaschen des Lieblingsweins im Vorschiff zu verstauen, die den Törn bis Neusee-

Deutschland lässt noch nicht los. »Da haben Freunde uns geraten, die Weltumsegelung in Etappen zu vollenden.«

land versüßen sollen. Und voilà, die Kalkulation geht auf die Flasche genau auf. Im November 1994 erreicht JOSIS Crew die andere Seite der Welt. Nicht ohne zuvor den Atlantik überquert, die Karibik und die US-Ostküste besegelt sowie die nordamerikanischen Nationalparks auf dem Landweg bestaunt zu haben.

In Neuseeland unterbrechen sie die Reise, um daheim in der Firma zu helfen und die Eltern zu pflegen. Ein Jahr lang hausen sie auf Matratzen zwischen ihren Kindern und den Katzen wieder im Norden Hamburgs. Deutschland lässt noch nicht los.

»Da haben Freunde uns geraten, die Weltumsegelung in Etappen zu vollenden«, erzählt Ingrid. Eine Idee, die sich als beste Variante herausstellt, um die Pflichten in der Heimat und die Reiselust mit dem Schiff unter einen Hut zu bekommen. Die günstigen Flugtickets sind der Schlüssel dafür, mehrmals im Jahr auf das »große Karussell«, wie Autor und Segler Jimmy Cornell eine Weltumsegelung nennt, auf- und abzuspringen. Mohns pendeln künftig zwischen Hamburg und weit weg. Die Reise geht weiter.

Mut zur Lücke

Im Regelfall liegt JOSI behütet in einem Hafen, wenn ihre Eigner wieder einmal für Monate die Luken verriegeln und ins Flugzeug steigen. Ausnahmen bestätigen die Regel – und die unkonventionelle Vorgehensweise à la Mohns: Auf den Salomonen schäkeln sie ihre Yacht mit der Ankerkette an ein Wrack und wickeln die Heckleine um eine Palme.

Auf eine Kaskoversicherung fürs Schiff verzichten sie – wie viele andere Blauwassersegler auch. Jürgens Erklärung: »Wenn wir einen Totalschaden haben, ist die Wahrscheinlichkeit hoch, dass wir dabei mit draufgehen. Und wenn nicht, hatten wir eine wunderschöne Zeit und haben noch Haus und Hof.« Ungewöhnlich ist eher, dass beide ohne eine Krankenversicherung für den Aufenthalt im Ausland reisen. Ihr Joker ist wieder das offene Rückflugticket, das stets griffbereit ist. »Die Idee war: Wenn wir unterwegs zum Arzt müssen, bezahlen wir es aus eigener Tasche, und wenn es was richtig Schlimmes und Teures ist, dann fliegen wir zurück«, so Jürgen.

Das Schlimme passiert. In einem Moment, in dem kein Krankenhaus, kein Flugticket, keine Versicherung helfen können: auf See. Mohns segeln von Neuseeland nach Fidschi, als Wellen JOSI so brutal hin und her werfen, dass Ingrid in einem unaufmerksamen Moment auf den Kartentisch kracht. Rippenbruch, da ist sie sicher. Tagelang quälen sie Schmerzen, die schon fast abgeklungen sind, als Land am Horizont auftaucht. »Da lohnte sich der Arztbesuch auch nicht mehr«, sagt Ingrid heute – Pragmatismus pur.

Die Excel-Liste, in die er jede neue Schraube einträgt, ist der Lebenslauf der Motiva, prall gefüllt mit Zeilen und Spalten.

Hop on, hop off

Ingrid und Jürgen sind sich sicher: Segeln hält fit. Nicht nur der Körper, auch der Geist wird durch die ständige Abwechslung trainiert. Gemeinsam wandern, tauchen und radeln sie. Jürgens

Ingrid und Jürgen Mohns

Sportprogramm ergänzen Reparaturen oben im Mast genauso wie Arbeiten tief unten am Kiel. Was die beiden selbst reparieren können, greift die Ersparnisse in der Reisekasse nicht so stark an wie der Dienst eines Profis. »An erster Stelle stand immer das Schiff und dass da alles in Ordnung ist«, sagt Jürgen. Die Excel-Liste, in die er jede neue Schraube einträgt, ist der Lebenslauf der Motiva, prall gefüllt mit Zeilen und Spalten. Irgendwann findet alles seinen Weg in die Datei: Erst Polster, Fenster und das Teakdeck, später auch das Rigg und die Maschine.

Ingrid, Jürgen und JOSI bereisen jahrelang Australien und Südostasien, die Malediven, Chagos, die Seychellen, Madagaskar und Mosambik, bevor sie im Oktober 2002 Südafrika erreichen. Von dort könnten sie in wenigen Monaten zu Hause sein. Über acht Jahre sind seit dem Auslaufen aus der Elbe vergangen, sechs seit sie beschlossen, ihre Weltumsegelung zum Hop-on-hop-off-Modell umzubauen. Es war eine gute Entscheidung, »auch um die Eindrücke zu verarbeiten«, sagt Ingrid. Nun gehen beide aufs

Rentenalter zu, haben bald offiziell Zeit für das, was sie seit Jahren machen. Noch ist das Konto nicht leer und die Socken für Kap Hoorn liegen unbenutzt im Schrank.

Schicksalhafter Sundowner

Also einfach weitersegeln? Geradeaus über den Atlantik, statt hinter Sankt Helena rechts abzuknicken? Mohns grübeln und sind noch unschlüssig, als sie Afrika schon nach Westen verlassen haben. Erst der dritte, vielleicht auch der vierte Sundowner auf dem Südatlantik, beschwingt und bringt die Entscheidung: Wir machen weiter! Weiter Kurs West, Kurs brasilianische Küste, geradewegs auf Rio de Janeiro zu. Das einzige Problem: An Bord gibt es keine Detailkarten für den Landfall. Ein Hindernis, das es nicht schafft, JOSIS zweite Weltumsegelung schon im Keim zu ersticken: Über Funk geben Freunde die Koordinaten des Hafens durch und erklären, wo es langgeht.

In Brasilien führt ihr erster Gang (es mag auch der zweite gewesen sein) zum Buchhändler: Seekarten und Revierführer kaufen. Für Argentinien, Chile, das Wasser rund um Kap Hoorn – endlich! Aber der lang ersehnte Flirt entpuppt sich als stürmisches Liebesabenteuer.

Mohns sehen nichts als Wasser. Bleigrau. Überall. Vor dem Fenster, im Cockpit – und durch jeden noch so winzigen Spalt dringt es ins Schiff.

Auf dem Weg zum Kap erwischt der Ausläufer eines Sturmtiefs JOSI. Er packt und schüttelt die 20 Tonnen Stahl, als wären sie trockenes Herbstlaub. Das übelste Wetter der bisherigen Reise tobt: Der Windmesser steht auf Anschlag, zeigt zwölf Beaufort. Die mächtige Motiva wirkt plötzlich klein, hilflos, zerbrechlich. Unter winziger Beseglung kämpfen Mohns sich über Wellen, hoch wie Lagerhallen. Jürgen erinnert sich: »Immer wenn wir oben waren, hat uns die volle Wucht des Sturmes

Ingrid und Jürgen Mohns

gepackt.« Zu viel für den Autopiloten, der Skipper steuert bis zur totalen Erschöpfung, dann muss Ingrid ran. Lange dauert die Pause jedoch nicht: Jürgen darf den Funktermin mit den aktuellen Wetterdaten auf keinen Fall verpassen. Ob es ein Steuerfehler ist oder unvermeidbar? Während der Amateurfunker-Kumpel von der Nordseeküste die Vorhersage durchgibt, schmettert einer der Brecher auf JOSI nieder. Mohns sehen nichts als Wasser. Bleigrau. Überall. Vor dem Fenster, im Cockpit – und durch jeden noch so winzigen Spalt dringt es ins Schiff. Als Sekunden später der Bilgenalarm losheult, knistert es aus dem Funkgerät: »Jürgen, ich glaube, ihr habt ein Problem.« Doch es sind nur wenige Liter, die den Weg ins Innere gefunden haben. Am nächsten Tag ist der Spuk vorbei.

Flaute beim Flirt

Als wollte Rasmus sagen: »Ich kann auch anders«, passieren die Sturmerprobten die felsige Südspitze Amerikas dann an einem Flautentag. Totale Windstille, die Jürgen beim Öffnen der Champagnerflasche den unangenehmen Gedanken schickt: »Was, wenn nun der Motor ausfällt?« Der streikt nicht, der Korken knallt und in den folgenden Monaten erkunden sie die Abgeschiedenheit Patagoniens in der Gesellschaft einer anderen Yacht.

2005 und 2006 erklimmen Mohns und ihr Schiff die chilenische Küste gen Norden. Ingrid ertappt sich dabei, wie sie immer wieder verstohlen

Erst in Ecuador, kurz bevor das S auf der Positionsanzeige zu einem N werden würde, wenden sie den Bug auf den Pazifik hinaus.

auf eine dünne Landstelle in der Karte schaut. Sie hätte nichts dagegen, den Panamakanal gegen den Strom zu durchqueren und nach Hause zu segeln. Jürgens Gegenvorschlag liegt exakt in der anderen Richtung: Ein erneuter Besuch bei Cousin Hartwig in

Neuseeland. Ingrid zögert und die Entscheidung fällt – wie schon vor fünf Jahren auf dem Atlantik – spät. Erst in Ecuador, kurz bevor das S auf der Positionsanzeige zu einem N werden würde, wenden sie den Bug auf den Pazifik hinaus. »Da erst war wirklich klar, dass es eine zweite Weltumsegelung wird«, sagt Ingrid. »Denn gegen den Passatwind möchte niemand zurücksegeln.« Das Paar nimmt Kurs auf die Galapagosinseln, an denen es 14 Jahre vorher vorbeigesegelt war, und kreuzt nun erstmals das eigene Kielwasser.

Technisch betrachtet beginnt hier die neue Runde. Doch weder Ingrid noch Jürgen trennen akkurat zwischen »erstes Mal« und »zweites Mal«. Ihr Erfahrungsschatz von Zehntausenden Seemeilen lässt sie mittlerweile einiges gelassener angehen. »Wir konnten das Segeln noch mehr genießen. Was aus den dicken Wolken kommt, wussten wir ja jetzt«, lacht Ingrid. Sie wissen auch, wie leicht im Pazifik Tage zu Wochen, Wochen zu Monaten und Monate zu Jahren werden. Dass man vor allem eins braucht: Zeit. Mohns haben sie.

Hotspots statt Hot Spots

Während eine Seglergeneration an der Motiva vorbeizieht, bleibt der Wechsel zwischen den Besuchen in der Heimat und dem Leben an Bord die Konstante in Ingrids und Jürgens Leben. In der Welt des Fahrtensegelns aber stellen sie Veränderungen fest: Kleine Charakterboote werden seltener, große Yachten mit allem Schickimicki häufiger, ebenso wie die Marinas, in denen diese gern liegen. »Früher ankerten die Boote da, wo es schön und ruhig war. Heute dort, wo ein WLAN-Hotspot ist«, erzählt Ingrid. »Viele Segler sitzen nun am Ankerplatz im schattigen Salon, statt im Cockpit, wo die Sonne auf dem Bildschirm des Laptops blendet.« Haben die Dorfchefs der Pazifikinseln die Antrittsbesuche der Hamburger in den Neunzigern noch ernsthaft zelebriert, erscheinen einige knapp zwei Dekaden später traditionsmüde. Die Südsee trägt Jeans und daddelt am Handy.

Das jahrelange Leben an Bord hat das Paar enger zusammengeschweißt, als so manche »normale« Weltumrundung auf wenigen wackeligen Quadratmetern es getan hätte. Zwar lieben Mohns Besuche der Kinder und Enkel, bewältigen wochenlange Ozeanpassagen aber stets nur zu zweit. »Das ist das Sicherste. In eine zusammengewachsene Crew passt kein Dritter rein«, findet Jürgen. Ihre Abläufe sind eingespielt, hundertfach erprobt. Mancher Handgriff sicher tausendfach.

Wenn du mich fragst, wo's am schönsten war

Gemessen an der Distanz, die die Weltumsegler bis zu ihrem zweiten Besuch in Neuseeland zurückgelegt haben, ist alles, was danach kommt quasi Heimweg: Mohns feiern Silvester auf dem Vorschiff tanzend unter der Sydney Harbour Bridge, erreichen Darwin im Schlepp, inhalieren auf den Kokosinseln ein letztes Mal Südsee-Flair. Der Indische Ozean wickelt eine Plastikfolie um JOSIS Propeller (bei dessen Befreiungsaktion auf offener See Jürgen fast selbst Opfer der riesigen Plane wird), Madagaskars Küste grüßt mit »Traumwetter bei Sturmstärke« und mitten auf dem Südatlantik sucht ein Wal die körperliche Nähe der Stahlyacht.

Kurz vor Sankt Helena begegnen Mohns ihrem Kielwasser ein zweites, in der Karibik ein drittes

Die Mohns feiern Silvester auf dem Vorschiff tanzend unter der Sydney Harbour Bridge, erreichen Darwin im Schlepp, inhalieren auf den Kokosinseln ein letztes Mal Südsee-Flair.

und spätestens bei der Einfahrt in die Elbe im August 2015 ein viertes Mal. Über 100 Freunde sind zur Willkommensfeier angereist. Die meisten haben zumindest das Schiff 23 Jahre, zwei Monate und 20 Tage nicht gesehen. Bei der Ankunft offenbart die

Motiva noch einmal die Qualitäten ihres Besanriggs: Auf einer kleineren Yacht mit nur einem Mast hätten all die Gastlandflaggen wohl kaum Platz gefunden.

Was *diese* Rückkehr nach Deutschland unterscheidet, ist nicht nur, dass Ingrid und Jürgen ihr Schiff diesmal mitgebracht haben, sondern auch, dass die nächste große Reise ohne JOSI stattfinden soll. Mohns wollen ihre schwimmende gegen eine fahrende Immobilie tauschen: Sie suchen ein Wohnmobil. Der neue Plan heißt Campingplatz statt Ankerplatz, geduldiger Asphalt statt glitzernder Gischt. Reisemüde? Keine Spur, Europas Straßen warten.

Der neue Plan heißt Campingplatz statt Ankerplatz, geduldiger Asphalt statt glitzernder Gischt. Reisemüde? Keine Spur.

Etwas sind sie zuvor aber noch schuldig: Wo, bitteschön, war es denn nun am schönsten? Die Antwort beginnt diplomatisch: »Man kann Äpfel nicht mit Birnen vergleichen.« Dann wird sie ausweichend: »Am besten hat uns gefallen, dass wir autark waren und auf eigenem Kiel unterwegs waren.« Und findet schließlich ihr herzerwärmendes Finale: »Am schönsten war's, ihr werdet es nicht glauben, immer da, wo wir herkommen. Da haben wir Kinder, Enkel und Freunde.«

Nachgehakt: Ingrids und Jürgens ...

... Tipps für Weltumsegler

- Fahrt bloß nicht sofort los, sondern nehmt euch Zeit, die Kinderkrankheiten eures Schiffes zu kurieren!
- Wir können jedem nur raten, in Etappen um die Welt zu segeln. Wenn man immer mal wieder hier ist, hat man später nicht das Problem, mit Deutschland nicht mehr klarzukommen.
- Einen Tagestank für sauberen Diesel benutzen.

... wichtigste Bücher an Bord

- »Segelrouten der Welt« von Jimmy Cornell.
- Revierführer und Hafenhandbücher.
- Ein Fischbestimmungsbuch.

... spontane Antworten

Nordsee oder Ostsee? Die Nordsee, sie ist interessanter und natürlicher. Auch wenn die Ostsee beruhigender ist.

Atlantik oder Pazifik? Pazifik. Er bietet schönere Inseln und außerdem ein unvergleichliches Mehr an Natur, Kultur und Menschen.

Hafen oder Ankern? Ankern. Im Hafen liegt man zu dicht mit anderen Schiffen zusammen. Vor Anker hat man seine Ruhe und kann morgens baden. Die Unannehmlichkeiten durch Wellen und Dünung nehmen wir dafür in Kauf. In Ausnahmefällen haben wir uns natürlich mal einen schönen Hafen gewünscht.

… Revier-Geheimtipps

Das ist schwierig, es gibt so viele. Fantastisch waren beispielsweise das unbewohnte Chesterfield-Riff zwischen Vanuatu und Australien, die Kimberley-Nationalparks in Australien und Chagos. Und nie möchten wir Südamerika missen.

… Vorgehen in schwerem Wetter

Auf unserem Schiff: von innen steuern. Das Steuerhaus der Motiva war bei Sturm unsere Lebensversicherung. In Wellentälern hat der Autopilot, auf den Wellenbergen haben wir von dort gesteuert, weil der Pilot das Schiff nicht halten konnte. Es ist eine unglaubliche Erfahrung, Schiff und Crew in so einer Extremsituation zu erleben.

… Mittel gegen Seekrankheit

Wir werden nur sehr selten seekrank, zum Beispiel, wenn wir nach längerer Zeit in Deutschland wieder losgesegelt sind. Mitsegler sagten, dass Pflaster mit einem Wirkstoff, die hinters Ohr geklebt werden, helfen würden.

… wichtigstes Ersatzteil

Jede Art von Filter: Ölfilter, Luftfilter, Dieselfilter.

… seglerisches Vorbild

Wilfried Erdmann, James Cook und die alten Rahsegler, die nicht aus Spaß um Kap Hoorn gesegelt sind.

… hilfreiche Seiten im Internet

www.noonsite.com.

Ingrid und Jürgen Mohns

... Versicherungen auf Weltumsegelung

Eine Privathaftpflichtversicherung in ausreichender Höhe.

... Lieblingsgericht bei Sturm

Vorgekochtes Gulasch. Dazu Nudeln, die kann man fast immer schnell kochen.

... Lieblingsgericht bei Flaute

Kommt darauf an, was die Kombüse hergibt. Zum Beispiel Labskaus oder Bratkartoffeln.

... bewährte Passatbesegelung

Ausgebaumte Doppelsegel am Klüver.

... nützlichstes Kleidungsstück

Ganz einfach das T-Shirt.

Zwölf Fragen an Ingrid und Jürgen Mohns

Warum wolltet ihr um die Welt segeln?
Aus Abenteuerlust.

Ohne was wärt ihr nie losgefahren?
Ohne meine Frau [Jürgen]. Ohne meinen Mann [Ingrid].

Ein Ausrüstungsgegenstand, auf den ihr nicht mehr verzichten möchtet?
Der neue Gasherd, nachdem wir 25 Jahre lang eine Hassliebe zu unserem Petroleumherd hatten.

Das Werkzeug, das ihr am häufigsten in der Hand hattet?
Der Schraubstock an Bord!

Die Stärken und Schwächen eures Schiffes?
Durch den V-Spant setzt JOSI weich ein und knallt nicht so in die Welle. Ihr Langkiel sorgt für ein hervorragendes Verhalten unter Windsteueranlage. Allerdings kann sie nicht gut kreuzen.

Was bedeutet gute Seemannschaft für euch?
Wir verlassen das Cockpit nachts nicht, ohne den anderen zu wecken, und schalten bei Segelmanövern die volle Decksbeleuchtung ein. Alles kontrolliert machen, keine Husch-husch-Sachen. Die Worte »jetzt mal schnell« sollte es bei so einer kleinen Crew gar nicht geben.

Was war unterwegs Luxus?
Essen gehen. Da Ingrid so gut kocht und Restaurants so viel teurer sind, haben wir das aber nur selten gemacht.

Was hat euch gefehlt und was gar nicht?
Auf der ersten Weltumsegelung hatten wir noch Fahrräder dabei. Die waren leider irgendwann verrostet bis zur Untauglichkeit und haben uns dann manchmal gefehlt. Ins Theater gehen auch, sowie die fantastischen deutschen Einkaufsmöglichkeiten in Bezug auf Lebensmittel wie Brot, Wurst und Käse. Und wenn wir uns an Bord mal angeleint haben, fehlten immer die letzten

20 Zentimeter am Gurt. Gar nicht gefehlt hat uns der Fernseher.

Habt ihr je überlegt aufzuhören?

Nur kurz, in Ecuador, bei der zweiten Weltumsegelung. Sonst nicht mal ansatzweise. Wir hätten uns aber niemals träumen lassen, dass wir so lange weg sein würden.

Hattet ihr mal Angst?

Nicht direkt. Ingrid wird eher mutiger, wenn sie gefordert wird. Aber natürlich waren wir vor der allerersten Ozeanüberquerung unsicher, hatten Lampenfieber und konnten kaum etwas essen.

Welche Eigenschaften sollte man als Weltumsegler haben?

Kreativ sein und sich zu helfen wissen. Wer zwei linke Hände hat, sollte nicht losfahren.

Was würdet ihr beim nächsten Mal anders machen?

Nichts. Es ist gut so, wie es gelaufen ist.

Ingrid und Jürgen Mohns

Die Segelyacht JOSI

Bootstyp, Baujahr	Motiva 42, 1986
Werft	Motiva Stålbåde in Dänemark
Rumpfmaterial	Stahl
Länge über Alles	14 m
Breite	3,52 m
Gewicht	20 t
Tiefgang, Kielform	1,90 m, Langkiel
Rigg	Ketsch
Segelgarderobe	Klüver, Rollfock, Groß, Besansegel
Ruderanlage	Mechanische Radsteuerung, Autopilot, Windsteueranlage
Maschine	Ford, 137 PS, 1000-Liter-Dieseltank
Stromversorgung	Wellengenerator, mobiler 1-kW-Generator, Solarpaneele à 250 W, 3 Verbraucherbatterien à 150 Ah, 2 Lichtmaschinen mit 65 A bzw. 35 A
Wasserversorgung	1000-Liter-Wassertank, Kanister
Kommunikation	UKW-Seefunk, Kurzwellen-Seefunk mit Pactor-Modem (Provider: Winlink), Inmarsat-Satellitenanlage
Navigation	Radar, GPS, AIS (Sender/Empfänger), vorausschauendes Echolot (Sonar), Laptop mit elektronischen Seekarten, Papierseekarten, Sextant an Bord
Ankergeschirr	28-kg-Bügelanker mit 80 Metern 10-mm-Kette, 35-kg-CQR-Anker, 20-kg-Danforth-Anker am Heck, elektrische Ankerwinsch mit 1000 W
Beiboot	3,20-m-Hypalon-Schlauchboot (15 PS)
Sonstiges	Dieselheizung, Mittelcockpit, Deckshaus

Christine und Christian Wagner mit SY THOR, *Juli 2011 bis August 2015, Kiel–Kiel, 38.625 Seemeilen, 1514 Tage*

7 Chiemsee, Ostsee, Südsee

Ein junges Paar mit altem Boot: Christine und Christian Wagner und ihr spontaner Plan, zu den schönsten Orten der Welt zu segeln

Ein warmer Sommerabend an der Adriaküste, ein sanftblauer Himmel, leicht gekräuseltes Azurwasser. Langsam schieben sich die weißen Dreiecke auf dem Meer in Christian Wagners Gesichtsfeld. Sein Blick folgt ihnen, bis der Horizont sie schluckt. Weg sind sie, fort. Doch nicht aus den Gedanken des jungen Mannes: Zum ersten Mal in seinem Leben überlegt er, was für ein geniales Reisevehikel so ein Segelboot mit seinen hübschen Dreieckstüchern doch ist.

Aber stets die gleichen Küsten sehen? Nur Adria und Mittelmeer? Viel zu langweilig. Sein frappierend logischer nächster Gedanke: Weltumsegelung. Dabei kommt man wenigstens rum, im wahrsten Sinne des Wortes. Der Urlaub endet, der Gedanke bleibt, und Christian fängt an, Bücher zu lesen. In denen steht, wie so was eigentlich geht: um die Welt zu segeln.

Nach Wochen mit Moitessier, Schenk und Erdmann und einer Überschlagsrechnung, wie viel Geld man bräuchte und wie lange man sparen müsste, stellt er Christine, seiner ebenfalls nicht

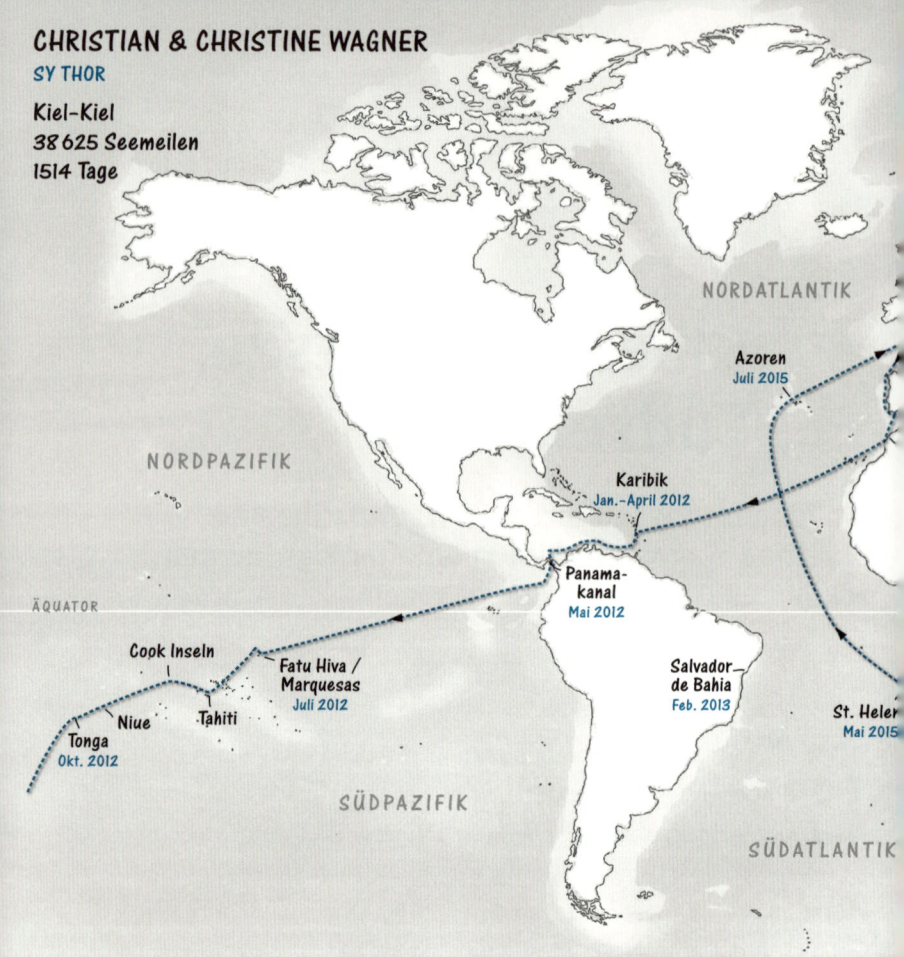

CHRISTIAN & CHRISTINE WAGNER
SY THOR

Kiel–Kiel
38 625 Seemeilen
1514 Tage

NORDATLANTIK

Azoren
Juli 2015

NORDPAZIFIK

Karibik
Jan.–April 2012

Panama-
kanal
Mai 2012

ÄQUATOR

Cook Inseln

Fatu Hiva /
Marquesas
Juli 2012

Salvador
de Bahia
Feb. 2013

St. Helena
Mai 2015

Niue   Tahiti

Tonga
Okt. 2012

SÜDPAZIFIK

SÜDATLANTIK

segelnden Freundin, die Idee vor. Ihre wenig überraschende Antwort: »Wir können doch gar nicht segeln!« Doch Christian schiebt
seiner Liebsten den Bücherstapel herüber, der in ihm bereits das
Fernweh befeuert hat, und bucht für beide einen Segeltörn. Es
klappt. Aus »Du spinnst!« wird: »Wann fahren wir los?«

Ein Konto namens Segelreise

Die Antwort gibt eine einfache Rechnung: Fünf Jahre auf Reisen
können sie sich leisten, wenn sie noch vier bis fünf Jahre arbeiten,

N

W   O

S

, Aug. 2015

see

PAZIFIK

Mikronesien
Nov. 2013–März 2014

Indonesien
April–Juni 2014

Fidschi
Mai–Sept. 2013

Mauritius
Sept.–Okt. 2014

Kokosinseln
Juli 2014

Vanuatu
Okt. 2013

ibia
2015

Réunion
Nov. 2014

afrika
2014–März 2015

INDISCHER OZEAN

TASMAN-
SEE

Neuseeland
Nov. 2012
–Mai 2013

eisern auf das neu eingerichtete Konto namens »Weltumsegelung« einzahlen und es dann schaffen, mit 1000 Euro im Monat
auszukommen. In Kiel, eine Tagesreise nördlich ihrer bayerischen
Heimat, finden Christine und Christian ein kleines Stahlschiff,
das ihr Vertrauen weckt. Einige Tausend Euro fließen noch in
die Ausrüstung, dann ist THOR hochseetauglich – nun muss die
Crew es noch werden. Ein Segelgrundkurs lehrt Luv und Lee,
Wende und Halse, der nächste Lehrgang entschlüsselt die Rätsel
um Missweisung, Peilungen und Leuchtfeuerkennung.

Eltern und Freunde merken, wie ernst es dem jungen Paar ist, er Anfang 30, sie Ende 20. Skeptische Stimmen fragen, wie lange so eine Weltumsegelung denn dauert und wo man auf dem Atlantik nachts ankert. Kritische raten, sie sollten doch erst mal Seemeilen sammeln. Christian, Arzt von Beruf, sieht's gelassen: »Das kann ich doch unterwegs machen.«

In ihrem Segelblog, der schon »Sailing around the world« heißt, als sie noch auf dem Chiemsee anlegen üben, berichten die beiden regelmäßig über ihre Fort-

Skeptische Stimmen fragen, wie lange so eine Weltumsegelung denn dauert und wo man auf dem Atlantik nachts ankert.

schritte. Sie haben Siebenmeilenstiefel an, schnell kommt eins zum anderen. Die Wohnung wird ausgeräumt, die bequemen Matratzen ihrer Betten auf Kojenform zurechtgeschnitten. »Daneben heißt es unkündbare Verträge kündigen und die letzten paar Tage im Job halbwegs seriös über die Runden bringen – gar nicht so einfach mit einem Dauergrinsen im Gesicht«, schreibt Christine, die als Betriebswirtin im Krankenhausmanagement arbeitet.

Drei Monate vor dem Ablegen sagen Christine und Christian, inzwischen verheiratet, dem Süden Lebwohl und ziehen auf ihre schaukelnde Baustelle an der Kieler Förde. Auf dem 32 Jahre alten Schiff wartet Arbeit: Deck streichen, Luke einkleben, Sonnenschutz nähen, Windgenerator installieren, Solarzellen anbringen, Batterien erneuern, Rettungsinsel austauschen, Radarreflektor montieren, Achterstag isolieren, Funk und AIS einbauen, dies und das und das und dies, und noch viel mehr. Eine Nähmaschine kommt an Bord und ein Schweißgerät, das Christian kurz vor der Abfahrt beim Discounter entdeckt.

Endlich sind die meterlangen Einkaufslisten abgearbeitet und auch die letzten Konservenbüchsen verstaut. Doch »richtig fertig geworden sind wir nicht«, lacht Christian. »Die To-do-Liste

Christine und Christian Wagner

ist nie ganz leer geworden, weil immer was dazukommt. Aber solange das Boot unten dicht ist und oben der Mast steht, kann man fahren.«

Gesagt, getan. Im Juli 2011 legt das Paar ab und lässt die Dänische Südsee Dänische Südsee sein. Ihr Ziel ist die richtige Südsee, wo Strohhalme in Kokosnüssen stecken und das Brodeln der Erde einst Inseln erschuf.

Mit kleinem Schiff auf große Fahrt

Die europäische Küste mit ihren zahlreichen Häfen gibt Christine und Christian Sicherheit für den Anfang. Alles ist neu, vieles machen sie zum ersten Mal: nachts segeln, Wache gehen, einklarieren. Einen Monat lang nur den Horizont sehen, den sich Wasser und Himmel auf dem Ozean teilen.

Auf der anderen Seite des Atlantiks schreibt Christian ins Online-Tagebuch: »*Bis jetzt gibt es nichts, was wir vermissen. Die Haare schneiden wir uns am Strand, geduscht wird mit der Solardusche im Cockpit, Wäsche waschen wir in Eimern. Wir kommen ohne Badewanne, Geschirrspüler, Tiefkühltruhe, Fernseher und Co aus.*«

> **Einen Monat lang nur den Horizont sehen, den sich Wasser und Himmel auf dem Ozean teilen.**

Ressourcen sparen wird auf Segelschiffen großgeschrieben, auf weltumsegelnden Yachten extragroß und auf THOR kommt noch ein Ausrufezeichen dahinter. Fünf Liter verbrauchen Wagners am Tag. Fußpumpen an den Spülbecken bremsen jeden Tropfen, der durch gedankenloses Hahnaufdrehen entrinnen würde. Auf See gönnen sie sich zwei Süßwasserduschen pro Woche, für die tägliche Toilette muss Salzwasser reichen.

»Ein kleines Schiff ist ein großer Kompromiss«, sagt Christian. »Wir haben uns bewusst für robusten Stahl entschieden, weil wir ja Anfänger waren. Dass wir mit einem alten Schiff unterwegs sind und dass etwas kaputtgehen würde, war klar.« Und doch packt den Skipper ein Anflug von Panik, als er die erste Roststelle in der Bilge entdeckt. »Ich war der festen Überzeugung, unser Schiff sinkt«, schmunzelt er heute. THOR sinkt nicht, doch der Kampf gegen den Stahlfresser wird zum Reisebegleiter um die Welt.

Dass elf Tonnen Bootsgewicht auf zehn Metern Bootslänge THOR mitunter eher dümpeln statt düsen lassen, macht Wagners nichts aus. Dennoch springt Christian vor dem Panamakanal ins Wasser, um die Seepocken vom Unterwasserschiff zu kratzen. Die Yacht soll im Kanal so schnell wie möglich sein, die geforderten fünf Knoten auf jeden Fall schaffen. Für teure Schleppkosten bei Maschinenschaden, Abtreiben oder Langsamkeit hat das Paar weder Verständnis noch Geld.

Im endlosen Ozean

In Panama wandert Proviant für 900 Dollar in die Schapps, Backskisten, Nischen und Bilgenstauräume. Der Inhalt dreier überquellender Einkaufswagen bildet die Basis für das kommende halbe Jahr: Vor THOR liegt der Pazifik, die Meereswüste ohne Hyperstores und Billigpreise.

47 Tage sehen Christine und Christian nach dem Ablegen kein Land. Unterwegs schreiben sie: »*An Bord geht mittlerweile jeder Tag in den nächsten über. Wenn wir nicht täglich um zwölf Uhr Mittag unsere Position mit Wochentag und Datum im Logbuch eintragen würden, hätten wir längst jedes Zeitgefühl verloren. Uns wird aber nicht langweilig.*

Vor THOR liegt der Pazifik, die Meereswüste ohne Hyperstores und Billigpreise.

Wir versuchen zu fischen und schmieden Pläne. Der Stapel der gelesenen Bücher wird immer höher, unser Vorrat an frischem Gemüse immer kleiner.«

Christine und Christian Wagner

Nach über 4000 Seemeilen fällt der Anker in einer Bucht in Fatu Hiva. Wagners genießen Spaziergänge, die länger sind als einmal vom Bug bis zum Heck, und übernehmen den Rhythmus der äquatornahen Tage: Mit der Sonne um sechs aufstehen, mit der Sonne um sechs ins Bett gehen. Die Nächte könnten hier, Tausende Kilometer vom nächsten Kontinent entfernt, dunkler nicht sein, die Sterne nicht heller.

Die Distanzen zwischen den Landflecken im Pazifik – Landkartenzeichnern meist kaum ein Pünktchen wert – betragen Hunderte Seemeilen, oft über Tausend. Entsprechend umfangreich bereiten Wagners ihr Inselhopping vor. »Von Sonnenaufgang bis Sonnenuntergang sind wir mit Arbeiten am Boot beschäftigt«, schreibt Christine. »*Unsere Hände sind abwechselnd voll Diesel, Zwei-Komponenten-Lack und Aceton. Roststellen an Deck müssen gestrichen werden, der UV-Schutz der Genua ausgebessert, Moskitonetze genäht, Malariaprophylaxe besorgt, Gasflaschen aufgefüllt, Proviant aufgestockt werden. Die Streben am Wind-*

generatormast brauchen eine neue Befestigung, die Stopfbuchse lässt sich nicht mehr ordentlich festziehen, wir nähen einen neuen Segelsack, schweißen die Relingsstütze wieder mal, vertreiben Kakerlaken, wechseln das Öl.«

Wagners sehen das Positive darin, dass sie sich bald in jedem Baumarkt und jeder Eisenwarenhandlung blind zurechtfinden: »Auch eine Art, Land und Leute kennenzulernen«, lacht Christian. Entschädigung folgt immer: »*Lagerfeuer am Strand mit Seglern aus aller Welt, unzählige Schnorcheltrips und Tauchtouren in unberührten Gewässern, Dingi-Ausfahrten in den Mangrovendschungel, Exkursionen über die Inseln, und, und, und ...*« Na also.

Die Nächte könnten hier, Tausende Kilometer vom nächsten Kontinent entfernt, dunkler nicht sein, die Sterne nicht heller.

Nach sechs Monaten im Südpazifik setzen Wagners nach Neuseeland über. Sie verbringen den Südsommer dort und kalkulieren die Finanzen neu. Sie wissen nun, dass sie noch einmal zu den pazifischen Inseln wollen, dass sie das Leben dort knapp 500 Euro monatlich mehr kostet als veranschlagt und dass sie somit nur vier statt fünf Jahre unterwegs sein werden. Ihre weitere Route soll nördlich des Äquators verlaufen, über Fidschi, Vanuatu und Mikronesien. Dort entlang, wo sich nur wenige Barfußsegler tummeln.

Sevusevu

Eine alte fidschianische Tradition verlangt, dass Neuankömmlinge den Antrittsritus namens Sevusevu einhalten. »Grund und Boden gehören hier nicht etwa Privatpersonen, sondern immer einem Dorf«, erklärt Christine. »Deshalb ist es für Gäste so wichtig, offiziell beim Bürgermeister um Erlaubnis zu bitten, sich im Dorf bewegen, die Gegend erkunden und in den anliegenden

Buchten und Riffen ankern zu dürfen.« Die Besucher überreichen dabei Kavawurzeln, die Grundlage für das »Bier des Pazifiks«, einen braunen Trunk mit »schlammig-erdigem bis pfeffrigem Geschmack«, so Christian. »Die Wirkung lässt sich am ehesten mit dem Gegenteil von Kaffee beschreiben. Wenn man es literweise trinkt, fast mit der von Baldriantropfen. Man schläft danach gut.« Die Zeremonie hat hochoffiziellen Charakter, die Ansprache dauert. Am Ende heißt es stets: »Willkommen – und danke, dass ihr unsere Tradition achtet.« Dann kreist der Kavabecher.

Nach drei Monaten trennen sich Wagners voller Bedauern von den herzlichen Fidschianern und steuern Vanuatu an. Auch hier ist Sevusevu Pflicht, Christian schreibt ins Tagebuch: *»Anders als in Fidschi oder Tonga wird die getrocknete Kavawurzel nicht einfach im Mörser zerstampft und mit Wasser angerührt, sondern die frische Kavawurzel wird zerkaut, der Brei dann wieder ausgespuckt*

Am Ende heißt es stets: »Willkommen – und danke, dass ihr unsere Tradition achtet.«

und auf einem großen Blatt gesammelt. Anschließend kommt der Batzen in ein Tuch und wird mit Wasser über einer Kokosnussschale ausgewrungen. Jeder bekommt also etwas von des anderen Spucke ab. Sicherlich sehr förderlich für den Zusammenhalt der Dorfgemeinschaft. Leider sehen die meisten Gebisse ein wenig so aus, als trainierten sie für den Mr.-Zahnstein-Wettbewerb, und so gruselt es mich schon ein wenig beim Schlürfen der Brühe.«

Gigabyte voll Langsamkeit

Es zieht das Paar weiter, nach Mikronesien. Ein Gewimmel aus Inseln, »das uns vorkam wie Fidschi vor hundert Jahren«, sagt Christine. Magie spielte bis vor nicht allzu langer Zeit eine große Rolle, die Gleichberechtigung der Frauen noch keine. Christine notiert: »*Hütten sind hier viel häufiger aus traditionellen Materialien gefertigt. Die Jungs haben zur Baseballkappe einen Lendenschurz an. Ein kleines Versorgungsschiff kommt lediglich alle halbe Jahre mal vorbei. Gegessen wird auf dem Boden. Extra für uns wurden Tisch, Stühle, Teller und Gabeln herangekarrt und so saßen wir dann auf dem Präsentierteller und wurden bestaunt, wie wir versuchten, unsere Monsterportion aus Reis, Banane, Taro, Brotfrucht, Fisch und Schildkröte zu verdrücken. Während die Männer am Kanu arbeiteten, flochten die Frauen bunte Matten aus Pandanusblättern. Gerade die älteren Frauen sind oft noch oben ohne. Wenn aber westlicher Besuch im Dorf ist, oder fürs Foto, wird schnell ein Oberteil angezogen.*«*

Selbst in der Steinzeit, wie Mikronesien sich für Wagners anfühlt, ziehen langsam Watt, Volt und Smartphones ein. »Vorbeikommende Segler werden gebeten, das Handy aufzuladen, Akkus zu tauschen oder mal eine Solarzelle zu installieren«, sagt Christian. Damit, und mit Medikamenten aus der Bordapotheke, revanchieren sich die Segler für die allgegenwärtige Gastfreundschaft.

Hier oben, nördlich der üblichen Routen, finden sie ihr Paradies: unbewohnte Inseln, leere Puderzuckerstrände, kaum andere Yachten. Kalender und Uhrzeit geraten in Vergessenheit, sie leben in den Tag hinein. Schnorcheln, wandern, kosten von der Ruhe ohne Internet und Bankautomaten. Genießen den Luxus der Langsamkeit, unterbrochen nur von regionalen Festlichkeiten, denen sie beiwohnen dürfen: Wettbewerbe im Palmwedel-Korbflechten, Betelnussbaumklettern, Flößebauen, Kokosnussschälen, dazu mitreißende Tänze der jeweiligen Dorfbewohner. Christian darf mit den Männern zum Fischen fahren und erlebt, wie die mikronesischen Seemänner ihre Segelkanus noch mithilfe der Sterne und Wolkenbilder von Insel zu Insel navigieren.

Mitunter sind auch die jungen Weltumsegler auf ihre Sinne

und Erfahrung angewiesen. »In den Hinterhöfen des Pazifiks sind die aktuellsten Seekartendaten manchmal über 100 Jahre alt«, sagt Christian. Er studiert Satellitenbilder von Google Earth, die Wagners mit anderen Seglern tauschen. »Es dauert keinen Tag, dann hast du Gigabytes an Handbüchern und Kartenmaterial zum Thema Weltumsegelung. Irgendwann ist der Reiz des Unbekannten dann aber weg, weil du eigentlich schon alles über die vor dir liegenden Ziele weißt. Das Ursprüngliche fehlt völlig. Früher wurde den Seglern die Post wochenlang hinterhergeschippert. Heute sind alle bei Facebook. In Mikronesien war das noch anders.«

»Wir versuchen unsere Monsterportion aus Reis, Banane, Taro, Brotfrucht, Fisch und Schildkröten zu verdrücken.«

Bye-bye Big Blue

Zum dritten Mal überqueren Wagners den Äquator und verlassen den Pazifik durch die indonesische Inselwelt. Vor ihnen liegen lange Schläge über den Indischen Ozean, entlang der Haltestellen der Weltumsegler: Kokosinseln, Rodrigues, Mauritius, Réunion. Es wird ein rauer Ritt, »wie Skifahren auf der Buckelpiste«, so Christine. Eine Piste, auf der THOR erst stolpert, dann stürzt. THOR kentert.

»Das Groß war schon lange geborgen, die Genua auf Handtuchgröße gerefft. Die Wellen betrugen zwischen fünf und sechs Metern und waren so kurz und steil, dass sie sich brachen. An Schlaf war nicht zu denken, wir waren beide hellwach und gleichzeitig todmüde. Am Morgen geschah dann das Unglück. THOR wurde von einem Brecher auf der vollen Breitseite erwischt und auf die Seite gelegt. Trotz geschlossenen Niedergangs kamen zig Liter Salzwasser herein. Der Inhalt des Kühlschrankes auf der Backbordseite kippte in die Navi-Ecke, die Ölflaschen verloren

ihren Verschluss und flogen mit anderen Kochutensilien, Lebensmitteln und Büchern quer durch den Salon. Unter Deck war der Ausnahmezustand ausgebrochen. Das Gute war, dass THOR sich innerhalb von ein paar Sekunden wieder aufrichtete.«

Eine Piste, auf der THOR erst stolpert, dann stürzt. THOR kentert. Die schockierte Crew hastet nach draußen, sichert die losgerissenen und noch nicht fortgespülten Utensilien, übernimmt das Ruder. Relingsstützen sind gebrochen und eine Scheibe aus dem Doghouse ist verschwunden. Auch die Elektronik im Salon hat die Salzwasserdusche nicht überlebt. Doch Rigg, Rumpf, Ruder und Motor scheinen unversehrt. THOR segelt weiter nach Südafrika.

Leben in der schiefen Welt

Es braucht eine Weile, bis der gesamte Schaden behoben, die angeknackste Moral geflickt und der letzte Rest Olivenöl-Salzwassermix aus der Bilge verschwunden ist. Dann brechen Wagners auf, zum vierten Rendezvous mit dem Äquator. Zurück nach Norden, zurück nach Hause. Das Paar wettet, wie lange THOR für die Fahrt von Sankt Helena zu den Azoren brauchen wird. Christian sagt 49, Christine 53 Tage. Am Ende sind es, nach 4387 Seemeilen, genau 51 Sonnenaufgänge auf See. Fast zwei Monate Leben in einer schiefen Welt.

In Südengland können die britischen Sommersegler nicht glauben, dass die Deutschen gerade mal zwei der pittoresken Küstenhäfen anlaufen. »Aber für uns hatten sich die Dimensionen nach den langen Schlägen verschoben«, sagt Christian. Er freut sich auf zu Hause, es ist vier Jahre her.

Zurück in Kiel nimmt das Paar Abschied vom liebgewonnenen Schiff und fährt zurück in die süddeutsche Heimat. Christine schreibt: »*So schön es auch war, alle wiederzusehen, es stellte sich*

Christine und Christian Wagner

doch ein wenig Katzenjammer ein. Vom völlig selbstbestimmten Leben auf See hin zum Gast im elterlichen Haushalt. Die Lösung war archaisch: Auto kaufen und wieder ›nach Hause‹ auf die THOR. *Fluchtreflex. Innerhalb von drei Monaten fahren wir mit unserer neuen alten Karre 10.000 Kilometer. Und verbrauchen in der Zeit gut zweieinhalb Mal so viel Sprit wie von Panama nach Neuseeland.«*

Es dauert ein wenig, bis Wagners den »Survival-Modus auf See«, wie Christian es nennt, abgeschüttelt haben. Bis sie nicht mehr alle halbe Stunde aufwachen, um einen kritischen Blick in den Himmel zu werfen. Bis sie wieder in Betten umgeben von vier Wänden schlafen, morgens wieder zur Arbeit gehen.

THOR bleibt in Kiel, ihrem Ausgangspunkt für kommende Südseetörns. Auch wenn es in den kommenden Jahren erst mal wieder die Dänische sein wird.

Nachgehakt: Christines und Christians ...

... Tipps für Weltumsegler

- Losfahren, sobald man die Möglichkeiten hat. Es ist so leicht geworden durch GPS und Co., man muss es einfach machen.
- Technologie auf ein Mindestmaß beschränken, da Kompliziertes eher früher als später kaputtgeht.
- Wissen, wann wo ein Feiertag ist.

... wichtigste Bücher an Bord

- »Medizin auf See« von Meinhard Kohfahl.
- »Segelrouten der Welt« von Jimmy Cornell.
- »Kap Hoorn – der logische Weg« von Bernard Moitessier.

... spontane Antworten

Nordsee oder Ostsee? Ostsee. Ist doch ganz gemütlich hier.

schen. Es hat einen gewissen Reiz, dass es für normale Touristen nicht ganz einfach ist, dorthin zu kommen.

Hafen oder Ankern? Ankern. Da hat man seine Ruhe.

... Revier-Geheimtipp
Mikronesien.

... Vorgehen in schwerem Wetter
Segelfläche verkleinern, vor dem Wind ablaufen.

... Mittel gegen Seekrankheit
Brauchten wir glücklicherweise nicht.

... wichtigstes Ersatzteil
Dieselfilter, Impeller für die Seewasserpumpe.

... seglerisches Vorbild
Wilfried und Astrid Erdmann, Bernard Moitessier.

... hilfreiche Seiten im Internet
www.noonsite.com, www.auswaertiges-amt.de.

... Versicherungen auf Weltumsegelung
Schiffshaftpflichtversicherung, Auslandskrankenversicherung.

... Lieblingsgericht bei Sturm
Eintöpfe aus dem Schnellkochtopf und asiatische Instantnudeln mit Gemüse.

... Lieblingsgericht bei Flaute
Semmelknödel mit Pilzsoße, frischer Fisch im Backteig und Quiche, die eignet sich prima, um Reste zu verarbeiten. In flüssiger Form: Kokosnussbier und Reiswein.

... bewährte Passatbesegelung
Blister, bei mehr Wind die Genua.

... nützlichstes Kleidungsstück
Christine: Ein Pareo, ist super für Sevusevu und auch an Bord.
Christian: Ein langärmliges weißes Leinenhemd.

... Reiseblog der Weltumsegelung
www.sailingaroundtheworld.wordpress.com

Zwölf Fragen
an Christine und Christian Wagner

Warum wolltet ihr um die Welt segeln?

Aus Abenteuerlust. Wir sind schon immer gern gereist und wollten nicht nur ein Segelrevier sehen. Der Reiz an einer Weltumsegelung ist, dass du die totale Freiheit hast, dich aber um alles selbst kümmern musst. Du kannst nicht einfach zum Wasserhahn gehen und dann kommt da Wasser raus, sondern du musst dich darum kümmern, dass das so ist. Genauso wie um deine Elektrizität und darum, dass dein Haus nicht absäuft.

Ohne was wärt ihr nie losgefahren?

Den Windpilot, ohne den geht es fast nicht.

Ein Ausrüstungsgegenstand, auf den ihr nicht mehr verzichten möchtet?

Die kleinen, mit zwölf Volt betriebenen Ventilatoren in unseren Kojen. So kann man auch bei 40 Grad Hitze und extrem hoher Luftfeuchtigkeit schlafen.

Das Werkzeug, das ihr am häufigsten in der Hand hattet?

Der Steckschlüsselsatz.

Die Stärken und Schwächen eures Schiffes?

THOR kann alles ab, ist robust, aber nicht schnell.

Was bedeutet gute Seemannschaft für euch?

Risiken minimieren, Plan B, C und D im Hinterkopf haben, Geduld mitbringen und aktuelle Wettervorhersagen kennen.

Was war unterwegs Luxus?

Eine Süßwasserdusche, Wäschereiservice, die Produktauswahl in französischen Supermärkten.

Was hat euch gefehlt und was gar nicht?

Das opulente heimische Frühstück mit frischen Brötchen, Weißwurst, Brez'n und Aufschnitt hat gefehlt. Gar nicht gefehlt hat, ständig erreichbar zu sein.

Christine und Christian Wagner

Habt ihr je überlegt aufzuhören?

Im Moment der Kenterung vor Madagaskar habe ich [Christine] gedacht, ab Südafrika segel ich nicht weiter. Aber kaum waren wir angekommen, war das auch wieder vorbei.

Hattet ihr mal Angst?

Christine: Immer mal wieder, zum Beispiel davor, dass Christian nachts über Bord geht und ich ihn nicht wiederfinde.

Christian: Ja, das gehört dazu. Man ist auf sich allein gestellt und isoliert, anders als im Alltag.

Welche Eigenschaften sollte man als Weltumsegler haben?

Geduld, Gelassenheit und Humor, man muss über sich selbst lachen können. Außerdem Respekt vor der Natur und Mut ohne Leichtsinn.

Was würdet ihr beim nächsten Mal anders machen?

Einen Tauchkompressor mitnehmen und vielleicht während der Reise arbeiten, damit man länger unterwegs sein kann.

Christine und Christian Wagner

Die Segelyacht THOR

Bootstyp, Baujahr	Koopmans 33, 1979
Konstrukteur	Dick Koopmans
Rumpfmaterial	Stahl
Länge über Alles	10,20 m
Breite	3,34 m
Gewicht	11 t
Tiefgang, Kielform	1,70 m, gemäßigter Langkiel
Rigg	Slup, Topptakelung
Segelgarderobe	2 Genuas für Passatbesegelung, Groß, Blister, 2 Sturmfocks
Ruderanlage	Pinnensteuerung, Ruderblatt mit Skeg, Autopilot, Windsteueranlage
Maschine	Vetus, 33 PS, 75-Liter-Dieseltank + 130 Liter in Reservekanistern
Stromversorgung	Solaranlage mit 300 W, Windgenerator, 3 Verbraucherbatterien à 300 Ah
Wasserversorgung	Frischwassertank für 175 Liter, 225 Liter in Kanistern, Sonnensegel, um Regen aufzufangen, Partikelfilter für Regenwasser, manueller Notfallwassermacher
Kommunikation	UKW-Seefunk, Kurzwellenfunk, Internet über Hochleistungs-WLAN-Dongle
Navigation	Passives AIS, Navtex, GPS, Kartenplotter am PC, Papierseekarten, Plastiksextant zum Zeitvertreib
Ankergeschirr	2 Bügelanker, CQR-Anker, 70 Meter 8-mm-Ankerkette, 50 Meter Nylontau für Zweitanker, elektrische Ankerwinsch
Beiboot	3,2-m-Klappboot aus Hartplastik (3,5 PS)
Sonstiges	Maststufen, Refleks-Dieselofen

8 Stradivari zur See

Handschmeichler aus Holz: Renate und Dieter Heller und ihr schwimmendes Schmuckstück

Mit Mühe tröpfeln die Lichtstrahlen in die hinterste Ecke der Halle. Würde man diesen Ort nicht suchen, man würde ihn nicht finden. Schon gar nicht an diesem grauen Regentag. Fehmarnsund im Februar. Der klare Kegel einer Taschenlampe verstärkt das Zwielicht. Er stößt auf eine Plane, ertastet einen hellen Rumpf, erklimmt die Leiter am Heck. Oben: ein hölzernes Deck, verstaubtes Mahagoni und Beschläge, die mit ein wenig Politur wohl blitzen könnten. Kein Mast, kein Baum. Dennoch braucht die Yacht unter der Plane keine Viertelstunde, um Renate und Dieter Heller zu verzaubern. Die berühmte Liebe auf den ersten Blick, sie wirkt auch zwischen Mensch und Boot.

Mittelmeer statt Häusermeer

Das Foto von Bora Bora hängt seit Jahren über dem Schreibtisch in der Werbeagentur im Frankfurter Hochhausdschungel. Immer öfter wandert Dieter Hellers Blick in der Zeit, als der Ruhestand im Anmarsch ist, zum Südseeatoll im Bilderrahmen. Da will er

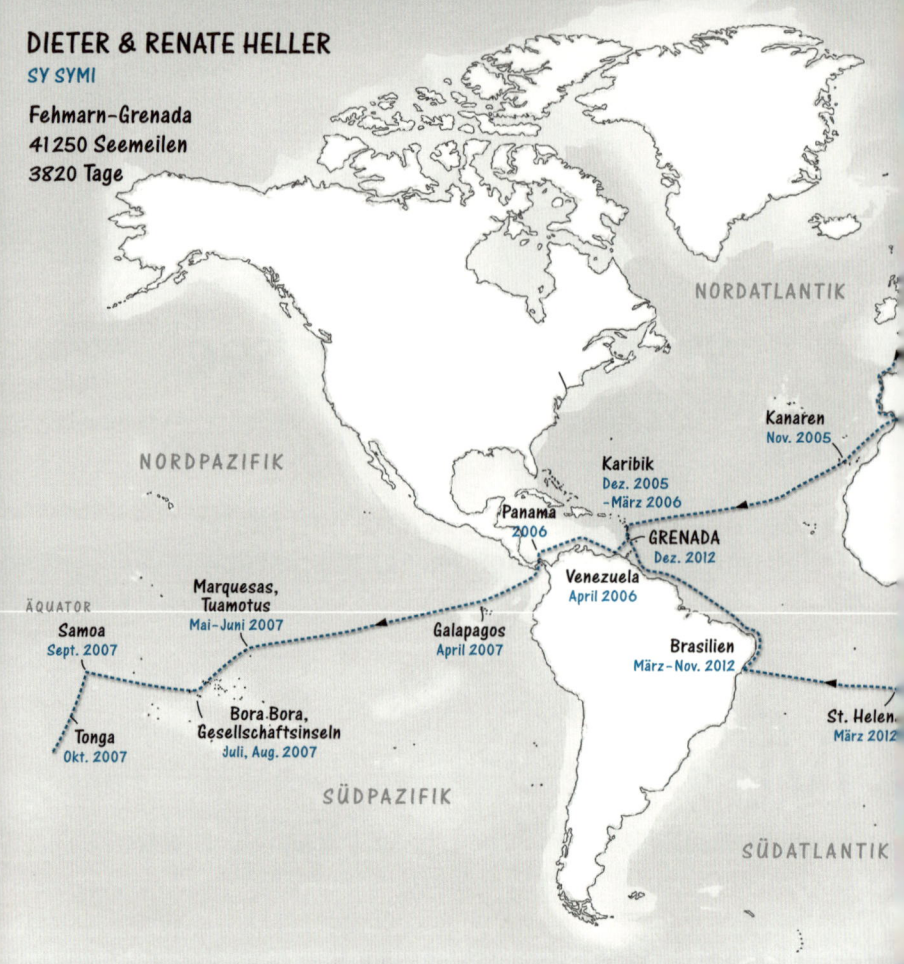

NORDATLANTIK

Kanaren
Nov. 2005

NORDPAZIFIK

Karibik
Dez. 2005
–März 2006

Panama
2006

GRENADA
Dez. 2012

Venezuela
April 2006

ÄQUATOR

Marquesas,
Tuamotus
Mai–Juni 2007

Samoa
Sept. 2007

Galapagos
April 2007

Brasilien
März–Nov. 2012

Tonga
Okt. 2007

Bora Bora,
Gesellschaftsinseln
Juli, Aug. 2007

St. Helena
März 2012

SÜDPAZIFIK

SÜDATLANTIK

hin, raus aus dem Häusermeer, aufs echte Meer. Pazifik, Palmen,
Polynesien.

»Könntest du dir vorstellen, auf einem Segelschiff zu leben?«,
fragt er Renate. Dort aufzuwachen, loszusegeln, einzuschlafen?
Sie müssten ja nicht gleich um die Welt segeln, vielleicht erst mal
ins Mittelmeer. Renate kann. Heute würde man es aussteigen
nennen, die Work-Life-Balance wahren. Dabei sind Hellers das
Gegenteil des Aussteiger-Stereotyps: Abwägend und zurück-
haltend, mit soliden Jobs im Marketing und einer Vorliebe für

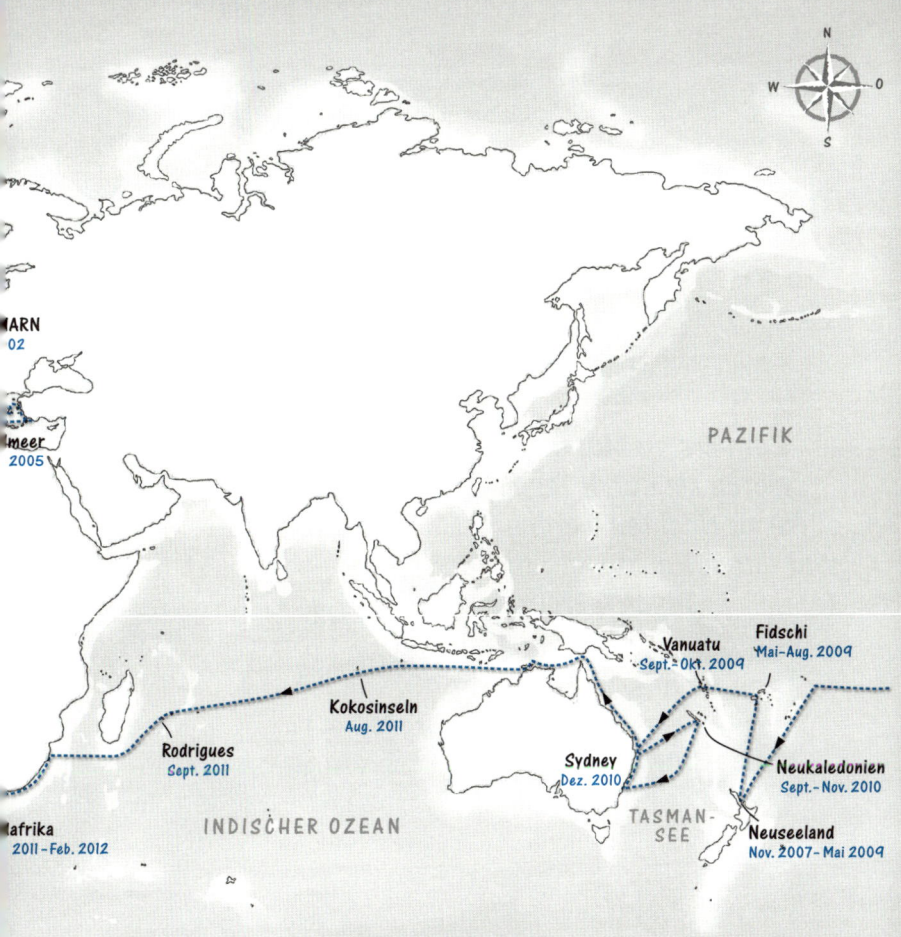

warmes Wetter und guten Wein. Seit Jahrzehnten chartern sie: Mittelmeer, IJsselmeer, mitunter Karibik. 14 Tage segeln, sonntagabends schnell das Boot zurückgeben, um am Montagmorgen wieder Werbestrategien zu entwickeln.

Der Auftrag, mit dem das Ehepaar den Yachtmakler losschickt, ist schlicht: ein Langkieler mit Mittelcockpit, gut zwölf Meter lang, zu zweit zu handhaben. »Ich bin kein Techniker und schaue eher in den Salon als in die Bilge«, sagt Dieter. »Bei der Bootssuche habe ich mich vom Äußeren leiten lassen.« Ihn überzeugt

Stradivari zur See 153

das Holz der Vindö 65 auf Fehmarn, trotz der Aussicht auf viel Pflege. Trotz Hallenstaub und Funzellicht.

Es folgen die Probefahrt, der Hausverkauf, die Kündigung. Renate ist 53, Dieter 58 Jahre alt. Er hat Glück, die Firma »baut um«, lässt ihn mit einer Abfindung frei. Hellers behalten ein Zimmerchen zur Untermiete bei Freunden und segeln nach Schweden. Einen Sommer lang wollen sie testen, wie ihre SYMI (gesprochen »Siemi« und benannt nach der griechischen Insel, auf der sie geheiratet haben) sich als Wohnschiff bewährt. Renate hat nie außerhalb von Frankfurt gelebt. »Der Umzug aufs Schiff

Zum ersten Mal navigieren sie durch Tage, die zu Nächten werden und durch Nächte, die zu Tagen werden.

war enorm«, sagt sie. Die materiellen Bindungen an Land lösen sie bewusst schon vorher. »Wir wollten unterwegs keine Anrufe von Mietern, dass der Wasserhahn tropft oder ein Dachziegel fehlt«, sagt Dieter. Ganz oder gar nicht. Die eigenen Eltern leben nicht mehr, der Sohn am anderen Ende der Welt, also warum nicht.

Das Experiment Schwedensommer gelingt und im nächsten Juli geht es los, Kurs Mittelmeer. Zum ersten Mal navigieren sie durch Tage, die zu Nächten werden und durch Nächte, die zu Tagen werden. Zum ersten Mal bricht sich Biskayagischt an SYMIS Bug. »Es war sportlich«, sagt Dieter. »Es war die Hölle«, sagt Renate.

Ankern am Amphitheater

Wäre es nach Dieter gegangen, hätten sie vom portugiesischen Kap San Vicente, dem Südwestzipfel Europas, den Kurs gleich weiter auf die Kanaren gesteckt. Salzwasser auf seine gedanklichen Mühlen kippt ein deutscher Segler, der gerade von seiner Weltumsegelung zurückkehrt: »Was wollt ihr denn im Mittelmeer? Da könnt ihr hin, wenn ihr alt seid.« Sagt's, und schenkt ihnen seine Seekarten von fernen Küsten und Ozeanen. Doch Renate ist noch nicht so weit.

Hellers tingeln durch das beliebte Charterrevier der Deutschen und vertäuen sich in den Wintermonaten, wie viele andere Live-aboards auch, in einem Hafen. Im ersten Winter in Spanien, im zweiten in Tunesien, im dritten in der Türkei. »Die Monate waren toll, um Land und Leute kennenzulernen«, sagt Renate. Mit Bus und Mietwagen ruckeln sie durchs Hinterland, schließen Freundschaften im Ort und auf den Stegen. Mit anderen Seglern musizieren sie, besuchen Bodegas, Cafés, Bars. Verrenken sich beim Frühsport, grillen sonntags zusammen beim Barbecue.

Für Renate wirkt die Zeit zwischen Ibiza und Korsika, Sardinien und Rhodos wie ein Testlauf, ein Vorgeschmack. Ein milder Whiskey vor dem rauchigen.

Für das Leben an Bord haben sich Hellers nach ihrem erfolgreichen Berufsleben kein fixes Budget gesetzt. Sie versuchen dennoch, die Ausgaben gering zu halten. Riesige Marinas wie auch urige Stadthäfen bieten für die Langzeitlieger meist günstige Tarife in der kalten Jahreszeit. Kaum erscheint der Frühling, steuert SYMI Häfen nur noch an, um Freunde an Bord zu nehmen und um zu bunkern. Sonst suchen Renate und Dieter kostenlose Ankerplätze für die Nacht. »Highlights waren einsame Buchten außerhalb der Ferienzeiten oder ein Amphitheater in Griechenland, neben dem wir unmittelbar liegen konnten«, erzählt Dieter.

Für Renate wirkt die Zeit zwischen Ibiza und Korsika, Sardinien und Rhodos wie ein Testlauf, ein Vorgeschmack. Ein milder Whiskey vor dem rauchigen. »Ich war im Kopf nun so weit, einen Ozean zu überqueren.« Am Ende des dritten Winters im Mittelmeer ist *sie* es, die fragt: »Wollen wir los?«

Atlantikfieber

In der romantischen Version der Geschichte beginnt die Weltumsegelung am 5. Mai 2005 auf Symi, dem Ausgangshafen der Ehe. Tatsächlich liegt die griechische Insel mit den bunten Häuschen ganz einfach auf dem Weg gen Westen.

»Wir wollten vier, vielleicht fünf Jahre unterwegs sein«, sagt Dieter. Atlantik, Panama, Galapagos. Die weitere Routenplanung vereint Südseemythos mit Pragmatismus: »Alles, was dir dann im Pazifik entgegenkommt, nimmste halt mit.« Hellers kramen die Seekarten des freundlichen Herrn aus Südportugal hervor, an Bord bricht Atlantikfieber aus. »Ich war supernervös«, gesteht Renate. Im November 2005 schmeißen sie die Leinen auf den Kanaren los. Kurs dorthin, wo die Butter schmilzt.

Wellen schlagen SYMI wie niemals zuvor, die Crew schläft auf dem Boden, bittet die Großschifffahrt um Wetterprognosen.

Der große Teich macht seinem Spitznamen alle Ehre: keine Wellen, kein Geschaukel. Hellers essen mit Messer und Gabel vom Cockpittisch. »Aber nach einer Woche war der Urlaub vorbei«, erinnert sich Renate. Der Ausläufer eines Tropensturms, der selbst auf Teneriffa noch Stege abreißt und Lichter aushustet, verwandelt den Teich in einen wütenden Ozean. Wellen schlagen SYMI wie niemals zuvor, die Crew schläft auf dem Boden, bittet die Großschifffahrt um Wetterprognosen. Ein kanarischer Fischer antwortet: »Ja, viel Wind, morgen noch mehr Wind.« Dann: »Vaya con dios« – geht mit Gott. Heute lacht Renate bei der Erinnerung. Damals lagen ihr die Worte »Dieter, wir gehen unter!« auf den Lippen. Nach zehn Tagen verabschiedet sich das tosende Grau, der Nordostpassat kehrt zurück. Dios sei Dank.

Als Schiff und Crew Martinique erreichen, ist das Verlangen der Hellers nach dem nächsten Weltmeer gering. Sie bleiben ein Jahr in der Karibik, feiern Karneval in Trinidad, genießen die

Renate und Dieter Heller

Stille bei den Kuna-Indianern. Immerhin wissen sie nun: Wir können es, und SYMI, als schwere Fahrtenyacht gebaut, erst recht.

Mit Stolz und Holz

Die schwedische Ketsch besitzt ein weiteres Talent: Sie schreit nach Pflege wie Babys nach Muttermilch. Immerfort und regelmäßig. Dieter lackiert das Holz mindestens zweimal im Jahr. Je zwei frische Schichten, am liebsten vor Anker, wo es nicht so staubt wie an Land. Der Werbefachmann nimmt es Sonne und Salz nicht übel, dass sie an seiner SYMI nagen. »Im zweiten Leben würde ich Tischler werden, so viel Spaß machen mir die Holzarbeiten.«

Eine gute Voraussetzung, denn alles, was nicht Rumpf und Rigg ist, ist aus Mahagoni oder Teak gemacht: Der Decksaufbau, das Laufdeck, das Cockpit, die Klampen, ja selbst das kleine

Steuerrad schmeichelt den Sinnen von Klassikerfreunden. Auch drinnen erzählt die Vindö von Bootsbaukunst: dunkles Vollholz, ausgebaute Schränke, Waschbecken und Toilettenschüsseln aus Porzellan.

Einmal schwimmen drei Männer herbei. Finnen, die in der Karibik chartern. Sie fragen: »Ist das eine Vindö?« »Ja, das ist eine Vindö.« »Wir haben auch jeder eine! Es ist das schönste Schiff der Welt.« Fast jeder Bootseigner wird das schon mal von seinem schwimmenden Gefährten gedacht, wenn nicht gar ausgesprochen haben. Renate und Dieter können es schwarz auf weiß lesen. Der Autor Ferenc Máté porträtiert die Vindö 65 in seinem Buch »The World's Best Sailboats«. Sicherlich hat er eine subjektive Auswahl getroffen, »aber wir haben tatsächlich oft Komplimente bekommen«, sagt Renate. Máté lobt die Werft in musikalischen Tönen: »Die Verarbeitung ist so präzise, dass ein Violinenbauer es nicht besser machen könnte.« Und: »Vindös sehen so aus, wie eine gute Yacht aussehen sollte. Der 39-Fußer ist eine der schönsten Mittelcockpityachten, die je gezeichnet wurden.«

Die schwedische Ketsch besitzt ein weiteres Talent: Sie schreit nach Pflege wie Babys nach Muttermilch.

Die südschwedische Werft, in der Bootsbauer die ersten Vindös Anfang der Sechszigerjahre fertigten – zunächst rein aus Holz, später in Holz-GFK-Kompositbauweise –, existiert seit den Achtzigern nicht mehr. Der Nachwelt hinterließ sie Augenschmeichler zwischen sechs und 13 Metern Länge – sowie eine ungewöhnliche Typenbezeichnung: die Vindö 65 der Hellers hat weder eine Länge von 65 Fuß (was luxuriöse 20 Meter wären) noch von 6,50 Metern (was weniger luxuriös und mit zwei Masten ein wenig übertakelt wäre). Die Angabe bezieht sich auf die Gesamtsegelfläche.

Renate und Dieter Heller

Bora Bora live

Dieters Langfahrtträume werden im Pazifik wahr. SYMI segelt über Galapagos zu den Marquesas und Tuamotus, von dort weiter zu den Gesellschaftsinseln. Endlich sehen Hellers Bora Bora mit eigenen Augen. Das Leben an Bord hat sich zurechtgerüttelt, die Ausgaben liegen unter denen der Mittelmeerzeit. Im Laufe der Weltumsegelung haben sie sich auf 2000 bis 3000 Euro monatlich eingependelt, inklusive 500 Euro Fixkosten für Versicherungen und das Zimmerchen in Frankfurt. »Die größten Posten waren immer die Reisen vor Ort. Wir haben nie gesagt: ›Das dürfen wir jetzt nicht.‹ Wir wollten ja auch was sehen«, erklärt Dieter. Hellers tasten lieber das Ersparte an, als kürzerzutreten. Monate, in denen das Paar keine 200 Dollar ausgibt und gleichwohl jeden Tag frisch gefangener Hummer auf dem Tisch liegt, gehören ebenso dazu wie Zeiten, in denen ein neues Dingi, ein neuer Motor, ein neues Sonstwas die Seiten des Haushaltsbuches viel zu schnell füllen.

Renate führt es akribisch, es erzählt die Geschichte der Weltreise in Euro und Dollar. Die Wirtschaftsdolmetscherin ist an Bord Finanzministerin, Funkoffizierin und Sprachtalent. Segelentscheidungen hingegen trifft Dieter. Von Meuterei zu sprechen, wenn Renate mal wieder einen größeren Bogen um ein Kap gefahren wäre oder früher gerefft hätte, trifft es nicht ganz. »Aber wenn du jahrelang zusammen an Bord lebst, bleibt es nicht aus, dass man sich auch mal in der Wolle hat«, lacht Renate. »Wo willst du auf See dann hin? Du kannst ja höchstens sagen:

Aber ein Ozean fehlt noch auf der Liste der Weltumsegler. Der Indische, der die Tour zur Tortur machen soll.

›Ich steig ins Beiboot.‹ Einfach die Tür hinter dir zumachen und mal eben einen Kaffee trinken gehen, geht ja nicht.« Dieter ergänzt: »Du hast auch mehrfach gesagt: ›Ich fahr nicht mehr mit, ich steig jetzt aus.‹« »Das habe ich gesagt?« »Ja, mehrfach.«

In Neuseeland bleiben sie über ein Jahr, die vier bis fünf Jahre sind längst vorbei. Genau wie die Highlights, von denen Dieter jahrzehntelang geträumt hat. »Der ganze Mythos Südsee hat von hier an gefehlt.« Die lachenden Menschen, ihre fremdartige Musik, die Exotik der Einfachheit.

Es dauert nicht lange, bis der Skipper wieder versöhnt ist: »In Sydney mit dem eigenen Schiff einzulaufen, war grandios.« Sohn Erik, der hier lebt, ist Grund genug, um wieder einmal länger zu bleiben. Aber ein Ozean fehlt noch auf der Liste der Weltumsegler. Der Indische, der ihre Tour zur Tortur machen soll.

Ein Liebesgruß vom Windpilot

Vier Tage nachdem Renate und Dieter die Kokosinseln, zu Australien gehörende Landflecken im östlichen Indik, mit Kurs Mauritius verlassen haben, bemerken sie, dass SYMI aus dem Ruder läuft. Sie schlingert wie besoffen, fährt hierhin und dorthin. Nur nicht dahin, wo die Windfahne sie hinsteuern soll. Dieters Diagnose nach ratlosen Stunden: Das Hilfsruder der Windsteueranlage ist zu zwei Dritteln abgebrochen. Weg. Verschollen im endlosen Blau. Einen elektrischen Autopiloten gibt es nicht. Beißende Ironie des Schicksals: Ersatz für das gebrochene Teil ist an Bord. »Aber der Seegang war so hoch, dass eine Reparatur unmöglich war«, erinnert sich Dieter.

Worum Crewmitglieder auf Charter- und Ausbildungstörns sich reißen (endlich selbst steuern, endlich den Wind in den Händen halten!), es reißt Weltreisende aus dem Rhythmus, den der genügsame Mitsegler namens Selbststeuerung ermöglicht. Fällt er aus, muss ein Crewmitglied aus Fleisch und Blut das Schiff auf Kurs halten. Eines, das nicht mit zwölf Volt betrieben wird, sondern mit Hühnersuppe und Käsebrot. Eines, das schlafen muss, trinken, zum Klo gehen. Segel trimmen, bergen, setzen. Funken, peilen, Wetter checken. Ist man zu zweit, geht das noch. Ist man allein – gute Nacht, Marie. Sicher, ein Schiff kann so getrimmt werden, dass es von allein geradeaus läuft. Doch bei Seegang und Starkwind wird das schwer. Der zierlichen Renate fehlt unter solchen Bedingungen die Kraft, länger als eine Stunde zu steuern. Beidrehen, um Schlaf zu tanken, wollen sie trotz der misslichen Lage nicht – lieber schnell ankommen. Das Paar löst sich im Stundentakt ab, Tag und Nacht. Nach einer Stunde sind die Arme lahm, die Konzentration ist futsch und die Lust am Weltumsegeln sowieso. Dieters Logbucheinträge geben einen Einblick in die Tage nach dem Malheur:

»Das Handsteuern auf Dauer ist bei den jetzigen schlechten Bedingungen nicht mehr das, was man sonst ganz gern macht. Aber: Der erste Tag zeigte, dass es machbar ist. Die Tätigkeiten an Bord reduzieren sich auf das Nötigste: steuern, schlafen, essen. Renate kämpft mit dem Ruderdruck. Besonders die Nächte sind scheußlich und anstrengend. Die Nacht zum Freitag wegen des starken Windes, die Nacht zum Samstag wegen zunehmender Müdigkeit. [...] Das Steuern ist harte Arbeit, die Renate gewissenhaft macht. Nur bei mir schlagen die Segel manchmal, weil ich nicht so exakt steuere. Das panikartige Kommando zum Segelbergen, da kein Ruderdruck mehr zu spüren

Nach einer Stunde sind die Arme lahm, die Konzentration ist futsch und die Lust am Weltumsegeln sowieso.

sei, war ganz offensichtlich eine Übermüdungserscheinung. Fehlalarm. Schon am Sonntagvormittag erweist uns der verstümmelte Windpilot einen letzten Liebesdienst. Er steuert bei vier Beaufort wieder selbst. Nach zwei Stunden leider Fehlanzeige; müssen wieder selbst ran, können aber für kurze Zeit das Rad feststellen. Das ist wesentlich einfacher, aber die Müdigkeit bleibt. [...] Wind frischt auf sechs Beaufort auf, wieder Dienst am Rad. Aber der Donnerstag als Landfalltag zeichnet sich immer mehr ab.«

Nach zwölf zermürbenden Tagen kommen Hellers auf Rodrigues an. Dieter braucht keine 20 Minuten, um das gebrochene Ruder zu tauschen.

Mut und Wehmut

Es ist nun nicht mehr weit bis nach Hause – denkt man wie ein Weltumsegler: Südafrika, Atlantik, Mittelmeer. Dort wollen die Heimkehrer im Sommer an Bord leben, im Winter in Frankfurt. Renate will nach zehn Jahren auf dem Schiff wieder ein Landleben führen. Die Aussicht auf Minusgrade im Häusermeer löst jedoch Beklemmung aus. »Da sind wir auf die Idee gekommen, im Winter an Bord in der Karibik, im Sommer in der Stadt zu wohnen«, sagt sie.

Als SYMI im Dezember 2012 in Grenada einläuft, ist Renate stolz. Auf über 40.000 Seemeilen im Kielwasser, auf 700 Segeltage. Auf Hunderte Male Ankern. Auf 36 Gastlandflaggen, die im Briefmarkenformat über der Navi-Ecke kleben. Auf die Weltumsegelung und ihren Mut.

Bei Dieter ist es Wehmut. Zwar segelt das Paar noch – aber genau das ist es: Sie segeln. Ihm fehlt der Zusatz »um die Welt«. Ihm fehlen die unbekannten Ziele, die wochenlangen Schläge, das Ankommen dort, wo die Menschen eine andere Hautfarbe haben als am Ort der Abfahrt. Er wäre, von Brasilien kommend, am liebsten wieder links abgebogen. Geradewegs reingedüst in die offenen Schleusentore des Panamakanals.

Dieters Therapie ist das Holz. Er holt nun nach, was er stets aufgeschoben hat. Verlegt das Teakdeck neu, beizt, schmirgelt und lackiert das Mahagoni, bis es glänzt wie am ersten Tag auf der schwedischen Werft. Poliert und plant. Dieter will noch mal los, Sohn Erik hat einen guten Grund geliefert: einen Enkel in Australien. Und was wäre für einen Großvater, der Weltumsegler ist, naheliegender, als auf eigenem Kiel bei der Taufe aufzukreuzen.

Renate und Dieter Heller

Nachgehakt: Renates und Dieters ...

... Tipps für Weltumsegler

- Sich Zeit lassen und lieber länger an einem Ort bleiben als an vielen nur kurz.
- Möglichst viele Sprachen sprechen: Englisch ist ein Muss, Spanisch und Französisch helfen sehr.
- Seid gut vorbereitet, habt das Schiff top in Ordnung und verlasst euch nicht auf die Elektronik.

... wichtigste Bücher an Bord

- Das Logbuch.
- Revier- und Reiseführer.
- Viele, viele Romane, die zum Beispiel an den Zielen unserer Reise geschrieben wurden.

… spontane Antworten

Nordsee oder Ostsee? In unserem Alter lieber die Ostsee. Nordsee ist Mordsee.

Atlantik oder Pazifik? Pazifik. Ist das attraktivere Revier. Der Südatlantik war ein Traum, aber auf den Nordatlantik hätten wir nicht unbedingt noch mal Lust.

Hafen oder Ankern? Auf jeden Fall Ankern. Man hat seine Ruhe und liegt nicht so dicht beieinander.

… Revier-Geheimtipps

Das können wir nicht beantworten. Geheimtipps müssen ja geheim bleiben! Die für uns schönsten Orte liegen alle in der Südsee. Einen hervorzuheben, wäre ungerecht gegenüber den anderen.

… Vorgehen in schwerem Wetter

Reffen und gegebenenfalls vor dem Wind ablaufen.

… Mittel gegen Seekrankheit

Wir haben nie eines benötigt. Freunden haben wir geraten, sich sofort hinzulegen.

… wichtigstes Ersatzteil

Die O-Ringe der Toilettenpumpe. Sie waren sehr schwer zu bekommen, in Europa gar nicht. Als wir sie endlich günstig fanden, haben wir uns gleich bis ans Lebensende eingedeckt.

… seglerisches Vorbild

Renate: Dieter.

Dieter: Habe ich nicht.

… hilfreiche Seiten im Internet

Zur Vorbereitung: www.noonsite.com. Unterwegs: Wetter-Websites wie www.windguru.cz oder www.passageweather.com.

… Versicherungen auf Weltumsegelung

Auslandskrankenversicherung, Haftpflichtversicherung für das Boot.

… Lieblingsgericht bei Sturm

Kekse und Bananen (muss man nicht kochen).

Renate und Dieter Heller

... Lieblingsgericht bei Flaute
Sashimi von frisch gefangenem Mahi Mahi (Golddorade, auch: Goldmakrele).

... bewährte Passatbesegelung
Die beidseitig ausgebaumte Doppelfock.

... nützlichstes Kleidungsstück
Badehose und Badeanzug. Man lernt auf Weltumsegelung, wie wenig Kleidung man eigentlich braucht.

Zwölf Fragen an Renate und Dieter Heller

Warum wolltet ihr um die Welt segeln?
Um uns diesen Traum zu erfüllen. Es ist die ideale Verbindung von Abenteuerlust, Reiselust und dem Hobby Segeln.

Ohne was wärt ihr nie losgefahren?
Ohne GPS und ohne den Partner.

Ein Ausrüstungsgegenstand, auf den ihr nicht mehr verzichten möchtet?
Unsere CD mit Händel-Musik fürs Sonntagsfrühstück.

Das Werkzeug, das ihr am häufigsten in der Hand hattet?
Der Pinsel zum Lackieren der Holzaufbauten. Und beim Erneuern des Teakdecks war ein an der Spitze umgebogener und gefeilter Schraubenzieher zum Rauskratzen der alten Fugen unbezahlbar.

Die Stärken und Schwächen eures Schiffes?
SYMIS Stärken sind die Schönheit, die Stabilität und die Kursstabilität. Ihre Schwäche ist, dass sie langsam segelt und nicht so hoch an den Wind kommt wie moderne Yachten. Wir sind daran gewöhnt, überholt zu werden.

Was bedeutet gute Seemannschaft für euch?
Sich bei der Navigation nicht auf die Technik und Elektronik zu verlassen. Gut vorbereitet hinsichtlich Tourplanung und Ersatzteilen zu sein und Sicherheitsregeln und -maßnahmen konsequent zu beachten.

Was war unterwegs Luxus?
Die Käsetheke im Supermarkt auf Tahiti.

Was hat euch gefehlt und was gar nicht?
Eigentlich hat nichts gefehlt, nur guter Käse und die Bundesligaergebnisse. Überhaupt nicht vermisst haben wir all das, was jahrelang in Kartons eingelagert war: vom zwölfteiligen Fischbesteck über Vasen und Nippes bis hin zur Küchenmaschine.

Renate und Dieter Heller

Habt ihr je überlegt aufzuhören?

Nein, ganz im Gegenteil, wir hatten ursprünglich nur drei bis vier Jahre eingeplant, und dann wurde es immer länger.

Hattet ihr mal Angst?

Renate: Bei kräftigem Wind und hohem Seegang hatte ich Angst. Je älter ich werde, desto schlimmer wird es.

Dieter: Bei mir ist es eher Respekt. Wenn es kritisch wird, ist der Adrenalinspiegel so hoch, dass keine Zeit für lähmende Angst bleibt. Ich bin dann angespannt, aber ruhig.

Welche Eigenschaften sollte man als Weltumsegler haben?

Mut, keine Angst, aber Respekt vor der Natur, Geduld und Gelassenheit. Besonders bei Paaren!

Was würdet ihr beim nächsten Mal anders machen?

Nichts, außer vielleicht einen elektrischen Autopiloten einzubauen.

Renate und Dieter Heller

Die Segelyacht SYMI

Bootstyp, Baujahr	Vindö 65 Mix, 1978
Werft, Konstrukteur	Vindö Sweden AB, John H.V. Lindblom
Rumpfmaterial	Rumpf: GFK, Aufbauten: Holz
Länge über Alles	12 m
Breite	3,65 m
Gewicht	11 t
Tiefgang, Kielform	1,80 m, Langkiel
Rigg	Ketsch
Segelgarderobe	Großsegel, Fock, Genua, Blister, Doppelfock, Besansegel
Ruderanlage	Radsteuerung, Windsteueranlage
Maschine	Volvo, 51 PS, 120-Liter-Dieseltank
Stromversorgung	3 Solarpaneele à 80 W, Windgenerator, 4 Verbraucherbatterien à 100 Ah
Wasserversorgung	Trinkwassertank für 400 Liter, auf langen Fahrten 100 Liter Reserve
Kommunikation	UKW-Seefunk, Kurzwellen-Seefunk (Provider: Winlink)
Navigation	Passives Radar, Papierseekarten von allen Gebieten (anfangs immer, später zusätzlich benutzt), Laptop (erst im Lauf der Reise zur Navigation verwendet), elektronische Karten (seit Neuseeland weltweit), Sextant an Bord, GPS
Ankergeschirr	26-kg-Bügelanker mit 50 m 10-mm-Kette, 23-kg-Fortressanker mit 8 m Kettenvorlauf und 50 m Leine, elektrische Ankerwinsch mit 1200 W
Beiboot	2,40-m-Hypalon-Schlauchboot (2 PS)
Sonstiges	Dieselheizung, Mittelcockpit

Moritz Herrmann mit SY FIDEL, Sommer 2011 bis September 2016, Wilhelmshaven–Mauritius, etwa 18.000 Seemeilen, rund 2000 Tage

9 Pannen im Paradies

Von Schutzengeln und Schiffbruch: Moritz Herrmann und sein Einhandtörn bis zum bitteren Ende

Tausende Meilen von jeder Landmasse entfernt, setzt Moritz Herrmann zum tödlichen Schnitt an. Durchtrennt den Seewasserschlauch in der Pantry und öffnet das Seeventil. Wasser strömt ins Schiffsinnere. Bald wird die Stahlketsch FIDEL auf 4000 Meter Tiefe sinken.

Ende. Aus. Vorbei. Moritz kann nicht mehr.

Ein wenig westwärts segeln

»Ich war schon immer anders als die anderen«, sagt der 74-Jährige im Heimaturlaub, wenige Monate vor der Katastrophe auf dem Indik. Er erzählt von Ereignissen, die einem Zuhörer den Mund offen stehen lassen. Und von den Anfängen seiner Sehnsucht nach dem Meer.

Während Moritz' Mitschüler zum Konfirmationsunterricht gehen, paddelt er lieber im Faltboot auf der Werre. Er pfeift auf Konventionen, Erwartungen, Trends. Aus seinen Schulheften dreht der Junge Fernrohre, er will Seemann werden. Rein objek-

MORITZ HERRMANN

SY FIDEL

Wilhelmshaven-Mauritius
ca. 18000 Seemeilen
2000 Tage

NORDATLANTIK

NORDPAZIFIK

Portugal
2012

Kanaren

Ma

St. Lucia

Kapverden

Atlantik
Dez. 2012

Venezuela
2013

ÄQUATOR

Galapagos
2013

Französisch
Polynesien
2013

Tonga
2014

Niue
2014

Cook Inseln
2013

SÜDPAZIFIK

SÜDATLANTIK

tiv betrachtet, für ihn wohl der ungünstigste aller Berufe: Er hat schlechte Augen, schlechte Ohren, und schlecht wird ihm überdies bei zu viel Welle.

Moritz wird Lehrer und Segeln seine große Leidenschaft. Die Gesetze von Wind und See bringt er sich selbst bei, mit allen Pannen, die dazugehören. Mit den Revieren wachsen die Schiffe des alleinerziehenden Vaters: Vom Jollenkreuzer arbeitet Moritz sich über einen stählernen Einzelbau bis zur Reinke Secura vor, mit der er England umrundet und nach seiner Frühpensionierung

Moritz Herrmann

den Atlantik in beide Richtungen überquert. Allein. Um seinen Rhythmus zu finden – und zu sich selbst.

»Ich dachte: Wenn ich das schaffe, dann kann ich mich freuen und dann ist gut.« Doch kaum zurück, »kam der Wunsch, noch mal richtig lange zu segeln. Möglichst wenig in Häfen und Marinas liegen, sondern unterwegs sein, ohne Schiffe oder Menschen zu sehen.« Das vermeintlich perfekte Gefährt für die Reise entdeckt er 2008. Hoch, trocken und ungeliebt steht es am Jadebusen, hat ein gekacheltes Bad mit Badewanne, einen Spottpreis –

und erweist sich als Loch ohne Boden für Moritz' Ersparnisse. Die 13 Meter lange Stahlyacht ist in keinem guten Zustand. Der Rost muss weg, denn »das Schiff sollte mir die Weltreise ermöglichen und gleichzeitig meine Bleibe für die Zeit danach sein«.

Moritz kündigt seine Oldenburger Wohnung – auf dem Papier lebt er nun bei einer Freundin. Mehr muss er nicht tun, seine Pension rattert überall auf der Erde aus dem Geldautomaten, und die großen Segelscheine hat er längst in der Tasche. Im Sommer 2011 segelt er los, ohne festen Plan. Freunden schickt er ein paar Zeilen: »Will ein wenig westwärts segeln.« Dass er dabei wieder allein ist, war nicht geplant. Ein Bekannter, der etappenweise an Bord kommen sollte, verstirbt vor der Abfahrt. »Einen anderen habe ich nicht gesucht«, sagt Moritz. »Ich hatte ja gesehen, dass ich das allein kann. Das einzig Schlimme ist, dass man am Anfang nicht weiß, wie man das mit dem Schlaf machen soll. Ich habe den Fehler gemacht, Kaffee um Kaffee zu trinken, bis die Nerven durchdrehten. Bis du irgendwann mit der Tasse in der Hand einschläfst. Und dann wachst du auf und weißt gar nicht mehr, wo du bist. Da hätten tausend Sachen passieren können.«

> »Das einzig Schlimme ist, dass man am Anfang nicht weiß, wie man das mit dem Schlaf machen soll.«

Transatlantik am Haken

Im ersten Winter der Reise wird Moritz im Süden Portugals heimisch, bisher läuft alles gut. Doch während eines Werftaufenthaltes für Routinearbeiten beginnt möglicherweise genau hier etwas, das sich wie ein vom Pech geschwärzter Faden durch Moritz' weitere Reise ziehen wird: Er ist an Bord seiner aufgebockten Stahlyacht, als ein gewaltiger Ruck FIDEL erschüttert. Beim Manövrieren hat ein Schleppfahrzeug das Ruder touchiert – der Fahrer scheint nichts zu bemerken, fährt einfach weiter.

Moritz kann keinen Schaden feststellen, auch zurück im Wasser funktioniert alles, nichts leckt. Erst mitten auf dem Atlantik passiert die Katastrophe. Ein Poltern erschüttert FIDELS Rumpf, der Skipper stürzt an Deck. Zu sehen ist nichts, es ist Nacht. Moritz' Verdacht bewahrheitet sich: Das Ruder ist gebrochen und baumelt nur noch am Draht des aufholbaren Ruderblatts unter dem Heck. Jede Welle lässt das Stück Stahl ohrenbetäubend gegen den Rumpf krachen und den Skipper um Schraube und Welle bangen. Das Ruder zu bergen, ist ihm allein unmöglich, in seiner Verzweiflung kappt Moritz den Draht. Die stählerne Platte versinkt im Ozean.

FIDEL treibt steuerlos auf Amerika zu. Mit dem Satellitentelefon setzt Moritz die Heimat, über Funk die Schifffahrt von seiner misslichen Lage in Kenntnis. Alle Versuche, ein Notruder zu bauen oder seinen knapp 20 Tonnen schweren Zweimaster mit den Segeln zu steuern, scheitern. Auch gut gemeinte Ratschläge wie »Eimer und Leinen hinterherschleppen« schlagen fehl. Schlimmer noch: Die Leinen verheddern sich in der Schraube. Moritz muss unter sein Schiff tauchen, das inzwischen kaum mehr ist als ein Spielzeug der See. Mit einer Hand klammert er sich fest, mit der anderen zerschneidet er das Leinenchaos.

Da beginnt, völlig unerwartet, ein Unterfangen, das als Lehrstück ins Handbuch für beispiellose Seemannschaft aufgenommen werden könnte.

Schiffe kommen vorbei und bieten an, ihn abzubergen. Moritz zögert, will und kann FIDEL aber nicht aufgeben. »Ich hatte ja sonst nichts mehr.« Schleppen will oder kann ihn niemand. Nach 19 Tagen zielloser Wackelpartie ist er, der Kämpfergeist, kurz davor, doch aufzugeben. Da beginnt, völlig unerwartet, ein Unterfangen, das als Lehrstück ins Handbuch für beispiellose Seemannschaft aufgenommen werden könnte: Der Kapitän des

Frachtseglers TRES HOMBRES erfährt von Moritz' Missgeschick. Die 32 Meter lange Brigantine ist nicht weit entfernt und nimmt FIDEL kurzerhand in Schlepp. Was so einfach klingt, erfordert stundenlanges, präzises Manövrieren. Die letzten Meter zur Yacht schwimmen zwei Matrosen herüber, um die Schleppleine zu bringen. Tage später reißt die Trosse – alles beginnt von vorn. Doch Moritz kann sein Glück kaum fassen: Kapitän Arjen van der Veen ändert sogar sein eigentliches Ziel, Barbados, für den Havaristen. In St. Lucia kann ein Freund FIDEL in den Hafen schleppen.

Während die TRES HOMBRES, voll beladen mit Rum und Kakao, Kurs auf Europa nimmt, lässt Moritz in der Karibik ein neues Ruderblatt fertigen. Seine Diagnose: Die Verbindung zur Achse hat sich gelöst. Er verdächtigt den Zwischenfall in Portugal, die Ursache des Übels zu sein. Das Erlebte verdaut er schnell. »Nach dem ersten Schock war ich eigentlich ganz ruhig«, lässt er die Situation noch einmal Revue passieren. »Es waren ja keine Klippen in der Nähe, die Wettervorhersage war gut, und um mich herum gab es kaum Schiffe.« Sein Notfallplan sah vor, den Proviant zu strecken und sich vom Passatwind gen Karibik treiben zu lassen. »Bei Landannäherung hätte ich dann Schlepphilfe gerufen.« Noch ahnt der Einhandsegler nicht, dass er später noch die Gelegenheit bekommen wird, diese Taktik zu perfektionieren.

So steuert er ausgerechnet den Küstenabschnitt Südamerikas an, den viele Fahrtensegler aus Angst vor Kriminalität in weitem Bogen umfahren.

Kaffee, Körperpflege, Kurskontrolle

Es ist Frühjahr 2013, Moritz ist schon fast zwei Jahre unterwegs und es wird Zeit für einen Heimatbesuch. »Venezuela lag auf dem Weg nach Panama und ich hatte gehört, dass man sein Schiff dort günstig lassen kann.« So steuert er ausgerechnet den Küsten-

abschnitt Südamerikas an, den viele Fahrtensegler aus Angst vor Kriminalität in weitem Bogen umfahren. Doch das einzige Malheur, das Moritz vor Ort passiert, ist, unausklariert das Land zu verlassen (»das wollte ich auf den vorgelagerten Inseln machen, aber die waren unbewohnt«). Der Zollbeamte im nächsten Hafen auf Bonaire lächelt milde, Glück gehabt. Weiter geht es nach Westen, durch den Panamakanal.

Orte, die man vermeintlich gesehen haben muss, sind Moritz egal. An den Traumzielen anderer fährt er vorbei. »Ich wollte lange Schläge, schönes Segeln, ruhige Ankerbuchten. Und ab und zu eine Insel, auf der ich mir die Beine vertreten kann.« Der endlos scheinende Pazifik mit seinen Abertausenden Inseln lässt des Skippers Herz somit vor Glück höherschlagen.

Ein Glück, auf das stets die Schattenseiten des Einhandsegelns fallen. Das ständige Abwägen: schlafen oder wachen? Übermüdet sein oder sich der Müdigkeit hingeben? »Ich schlafe auf See nie durch«, sagt Moritz. »Das kann ich mir nicht leisten. Tagsüber lege ich mich immer, wenn ich müde bin, für ein paar Minuten hin. So halte ich stets ein wenig Schlaf vor und hoffe, dass es gar nicht erst dazu kommt, dass ich zusammenbreche.« Meist döst Moritz an Deck. Nur wenn es richtig heftig kommt, keilt er sich auf dem schmalen Schiffsboden ein. Rituale, die Moritz' Alltag auf See Struktur geben, sind der morgendliche Kaffee, Körperpflege und Kurskontrolle.

»Hoch und gucken!«

Der Pensionär hat genug Zeit auf See verbracht, genug Horrorgeschichten gehört, gesehen oder selbst erlebt, um zu wissen, was passieren kann, wenn er, und damit einhundert Prozent der Besatzung, im falschen Moment schläft. »Man muss sich selbst programmieren – wenn der Wecker geht: hoch und gucken!« Während ihn die Eieruhr zu Beginn der Reise noch sklavisch alle 20 bis 30 Minuten aus dem Schlaf rasselt, schläft er später schon mal drei bis vier Stunden am Stück. Das

Nur so sind Situationen zu erklären, in denen er hochschreckt, an Deck stürmt und auf die keine 100 Meter entfernte Bordwand eines vorbeiziehenden Frachters blickt.

Fell wird dicker. Nur so sind Situationen zu erklären, in denen er hochschreckt, an Deck stürmt und auf die keine 100 Meter entfernte Bordwand eines vorbeiziehenden Frachters blickt – auf dem ebenfalls alle zu schlummern scheinen. Weiterdenken ist ein Albtraum.

Es ist das Schicksal der Solisten, dass sie im Falle einer Kollision (sofern sie denn überleben) nicht laut aufbegehren können: Stets würde der Vorwurf der Mitschuld im Raum stehen. Wer allein segelt, kann nun mal nicht durchgehend den Ausguck besetzen. Dabei ist Moritz jedoch nie völlig allein unterwegs: Ein Wachtrupp erstklassig ausgebildeter Schutzengel organisiert seinen Dienst an Bord der FIDEL minutiös, wie der Atlantik-Schlepp zeigte. Feierabend gönnt dieser sich auch im Pazifik nie.

Auf Palmenholz und Gummireifen

Moritz' weitere Route durch die Südsee ist nicht weiter ungewöhnlich: Tahiti, Bora Bora, Cookinseln, Niue, Tonga, Fidschi, Vanuatu. Die Art und Weise, wie er die meisten dieser Palmenparadiese anläuft, ist es durchaus. Seine pazifische Pechserie beginnt bei der Ansteuerung von Aitutaki in den südlichen Cookinseln. Müde, aber so konzentriert wie möglich, hält der Skipper auf die Stelle zu, an der er die Riffdurchfahrt vermutet. Es sind die letzten Meter einer langen Überfahrt.

Wie immer hat er keinen Mitsegler, der in den Mast klettert, um die Wassertiefen von oben besser zu erkennen. Sein Partner ist das GPS. Und das liegt falsch, lotst Moritz auf die Korallen. Es kracht und knarzt fürchterlich, dann sitzt

Sein Partner ist das GPS. Und das liegt falsch, lotst Moritz auf die Korallen. Es kracht und knarzt fürchterlich, dann sitzt FIDEL fest.

FIDEL fest. Bei nahezu Hochwasser. Die Einheimischen, die alles vom Ufer aus beobachtet haben, bestehen darauf, Moritz abzubergen und ins Krankenhaus zu bringen. Ihm fehlt nichts. Dennoch glaubt er zu sterben, »weil ich es nicht ertragen konnte, zu sehen, wie mein Schiff auf dem Riff zerschlagen wird«. Am nächsten Tag ist Moritz wieder an Bord und versucht mithilfe der Insulaner, FIDEL über ausgebrachte Anker frei zu bekommen. Am dritten Tag endlich, als er schon aufgeben will, spürt er, wie das Schlagen des Rumpfes auf die Korallen nachlässt. Plötzlich wogt alles wieder sachte, die Yacht ist frei. Die Zuschauer an Land klatschen, doch FIDELs Stahlhaut ist verwundet, das Ruder erneut

abgebrochen (aber glücklicherweise noch da), die Schraube ver-
bogen. Eine Reparatur an Land ist bitter nötig.

Der einzige Kran der Insel hievt FIDEL auf ein Lager aus Gummi-
reifen und Palmenstämmen. Moritz bestellt eine neue Schraube
in Neuseeland, schickt die Ruderhydraulik zur Reparatur auf
die Nachbarinsel von Aitutaki, lässt Lecks am Rumpf schweißen. Beim Rostklopfen kommen handtellergroße Löcher zum
Vorschein – Glück im Unglück, dass er sie nun entdeckt. Über
ein halbes Jahr vergeht. Aus dem Rhythmus der Fahrtensegler
ist der Solosegler längst raus – sein Schiff steht noch an Land, als
die Zyklone über die Südsee ziehen. Schließlich wird der Tag, an
dem »der Deutsche ins Wasser kommt«, zum Dorffest der hilfs-
bereiten Einheimischen.

Pazifische Pechserie

Kaum dass sein Zuhause schwimmt, macht Moritz sich auf den
Weg nach Tonga. Nur eine Tagesreise von Aitutaki entfernt,
stellt er entsetzt fest, dass das Öl der Ruderhydraulik ausläuft.
FIDEL treibt manövrierunfähig mit dem Wind, doch wartet diesmal am Ende der Odyssee nicht die Karibik. Moritz fürchtet, an
der nächstgelegenen Insel, Niue, vorbei und in die offene pazifische Wasserwüste zu treiben. Mit dem Satellitentelefon ruft er
seinen Sohn in Deutschland an, der den Yachtclub auf Niue um
Schlepphilfe für seinen Vater bittet. Eine Segelyacht nimmt sich
der Sache an. Moritz vertraut auf die örtliche Reparaturkunst für
die Hydraulik und läuft erneut aus.

Endlich erreichen Schiff und Schiffer Tonga. Allerdings – es
überrascht schon fast nicht mehr – am Haken. Wieder hat die
Ruderhydraulik versagt, wieder wabert eine Brühe aus Hydrauliköl in der Bilge. Ein Fachmann rät zur Generalüberholung der
Anlage in Neuseeland. Moritz folgt dem Rat, das Unterfangen scheint erfolgreich zu sein. Denn das nächste Ziel, Fidschi,

erreicht FIDEL aus eigener Kraft und – vom kurzzeitig ausgefallenen Motor vor der Hafeneinfahrt einmal abgesehen – ohne nennenswerte Probleme.

Doch die Weisheit, dass Weltumsegler ihre Schiffe an den schönsten Plätzen der Erde reparieren, bestimmt weiterhin das Muster der Reise. Der Schlag von Fidschi nach Vanuatu glückt, doch kurz nach dem Aufbruch Richtung Australien bricht das Ruder erneut. »Ich war völlig verzweifelt«, sagt Moritz. Das Ruder kann *Wieder hat die Ruderhydraulik versagt, wieder wabert eine Brühe aus Hydrauliköl in der Bilge.* er retten, ein Sportfischer holt ihn zurück. Moritz klariert ein und geht – nichts Neues mehr – direkt zur Werft. Seit Längerem hat er die Konstruktion des Schweißers aus St. Lucia in Verdacht, nicht optimal zu sein.

Nachdem das Ruder repariert ist, startet Moritz Versuch Nummer zwei, den Indischen Ozean zu erreichen. Doch seine Hoffnung, endlich ohne Hürden an ein Ziel zu kommen, wird enttäuscht: Die Ruderhydraulik streikt wieder. Diesmal ist er schon zu weit von Vanuatu entfernt, der Südostwind treibt FIDEL auf das gut 100 Seemeilen entfernte Papua-Neuguinea zu.

50 Meilen vor der Küste greift Moritz zum Handy, ein Frachter schleppt ihn in den Hafen von Port Moresby. Eine Aktion, bei der viel zu Bruch geht. Es ist September 2015 und das große Reparieren beginnt erneut. Ein kleiner gebrochener Splint im Innenleben der Ruderhydraulik soll schuld sein. Moritz' Gesundheit leidet unter all den Rückschlägen, seine Kraft und sein Selbstvertrauen schwinden. Ebenso das Ersparte, von dem er neben seiner schmalen Pension lebt. Die ständigen Reparaturen und Kosten fürs Abschleppen, die von »einem Bier« (für die heldenhafte Crew der TRES HOMBRES) bis hin zu 5000 Euro für einen Kaufhausbesitzer aus Neuseeland reichen, dezimieren den Kontostand. Dazu

kommt Zeitdruck: Die destruktiven Kräfte der Südsee, die Wirbelstürme, nahen mal wieder.

Also legt Moritz ab, er will es zumindest bis Australien schaffen. Doch es ist, als würde die Repeat-Taste klemmen: Kaum hat FIDEL die Küste eine Tagesreise achteraus, versagen Ruderanlage und Hydraulik. Moritz wird zurück nach Port Moresby geschleppt. Die örtliche Presse wartet schon.

Ende, aus, vorbei

Ist Aufgeben eine Option? Nicht für Moritz Herrmann, der außer seinem Schiff und dem Hab und Gut darauf nichts weiter besitzt. Er will FIDEL zurück nach Hause segeln und den Rest seines Lebens an Bord verbringen. Dafür ist er entschlossen, auch die zweite Hälfte der Weltumsegelung in Angriff zu nehmen. Nach einer erneuten Reparatur von Ruder und Hydraulik hat er Testfahrten in Landnähe fest eingeplant.

Auf der Überfahrt nach Südafrika reißt die Verankerung des Vorstags aus dem Deck, als Tausende Meilen um FIDEL herum nichts als Wasser ist.

Aber Pech und Bruch folgen dem Solisten hinaus auf den Indischen Ozean, um die Heimreisepläne endgültig zunichte zu machen. Auf der Überfahrt nach Südafrika reißt die Verankerung des Vorstags aus dem Deck, als Tausende Meilen um FIDEL herum nichts als Wasser ist. Kein Hafen, aus dem Hilfe kommen, keine Bucht, in der er Schutz suchen könnte. In einem lebensgefährlichen Kampf schafft Moritz es, die unkontrolliert hin und her schlagende Rollreffanlage zu bändigen, die im Seegang wie eine Abrissbirne auf die Yacht eindrischt. Nach Tagen gewinnt er die Oberhand und zerfetzt das Vorsegel, um dem ohrenbetäubenden Schlagen des Tuches ein Ende zu machen. Einrollen oder bergen ist unmöglich. FIDEL gleicht einem Schlachtfeld, viel zu viel wurde zerstört.

Noch ist aber nicht alles verloren, Moritz hofft, Afrika unter Hilfsbesegelung zu erreichen. Da holen Schicksal, Leichtsinn, Pech, oder was immer am Werk ist, zum finalen Schlag aus: Der Skipper kann nicht mehr steuern, das Ruder reagiert nicht. Er eilt nach unten und entdeckt etwas, das selbst seinen bisher unerschütterlichen Optimismus schwinden lässt: Wieder ist aus der hydraulischen Anlage das Öl ausgelaufen. Der Einhandsegler driftet ziellos auf dem dritten großen Ozean der Reise.

An jenem Septembertag auf dem Indik zerbricht etwas in Moritz Herrmann. Er greift noch einmal zum Satel-

Moritz steigt ein letztes Mal seinen Niedergang hinunter, zögerlich, wissend, wie unumkehrbar bald alles sein wird. Er greift zum Messer.

litentelefon, ruft seinen Sohn an und sagt, dass er bereit sei aufzugeben. »Ich konnte einfach nicht mehr, ich war alle.« In diesem Augenblick ist ihm klar, dass er sein Schiff versenken muss, soll es nicht als Geisterschiff und Gefahr für andere umhertreiben.

Sein Notruf wird weitergeleitet, ein Massengutfrachter in der Nähe reagiert und kommt zu Hilfe. Dem Segler gelingt es, längsseits des riesigen Schiffes zu gehen, im Seegang schlägt Stahl an Stahl, die Crew lässt eine Leiter hinunter. Bevor Moritz anfängt hinaufzuklettern, steigt er ein letztes Mal seinen Niedergang hinunter, zögerlich, wissend, wie unumkehrbar bald alles sein wird. Er greift zum Messer.

»FIDEL zu versenken, das war, wie einen guten Freund zu ermorden«, sagt er über den Moment, in dem er sein Zuhause auf Tiefe schickt. Er hält noch einmal inne, hastet dann an Deck, um die Bordwand der PACIFIC SPIRIT hinaufzuklettern, auf dem Rücken nur einen kleinen Rucksack mit ein paar schnell gegriffenen Dingen: Reisepass, Taschenlampe, ein warmer Pulli. Die

Kletterpartie ist ein letzter Kraftakt für den 74-Jährigen. An Deck bricht Moritz zusammen.

Der Frachter mit Kurs Brasilien setzt ihn auf Mauritius ab, die Reederei spendiert den Heimflug.

Moritz steht vor einem Neuanfang, ungleich härter, als er für all diejenigen ist, die mit dem eigenen Schiff heimkehren. Er trauert um FIDEL, Freunde und Familie unterstützen ihn. Noch einmal beweist der leidenschaftliche Segler seine Unverwüstlichkeit. Er sagt: »Ich möchte auch diese Erfahrung nicht missen. Es gibt einfach Punkte im Leben, an denen es nicht mehr weitergeht, und da kannst du froh sein, wenn du heil rauskommst. Ein Freund leiht mir seinen Jollenkreuzer, das Leben geht weiter, und ich kann in meinem Alter vielleicht noch mal fünf Jahre damit aufs Wasser. Und vielleicht nimmt mich auch ein anderer Freund mit auf seine Blauwasserreise.«

Es klingt befremdlich und beruhigend zugleich, Moritz schließlich sagen zu hören: »Ich bin froh, dass ich losgesegelt bin. Es nicht zu tun, hätte ich ewig bedauert.«

Moritz Herrmann

Nachgehakt: Moritz Herrmanns ...

... Tipps für Weltumsegler

- Gut ausgerüstet sein, aber es nicht übertreiben.
- Sich nicht von den Vorschlägen anderer verrückt machen lassen. Nichts geht über Selberprobieren.
- Gut über Einklarierungsregeln informiert sein.

... wichtigste Bücher an Bord

- Revierhandbücher.
- Diercke-Schulatlas.
- »Das Kapital im 21. Jahrhundert« von Thomas Piketty.

... spontane Antworten

Nordsee oder Ostsee? Das kann man nicht entscheiden! Beide sind so wunderbar. Die Ostsee mit ihren Ländern und Küsten, die raue Nordsee mit ihrem Leben nach dem Rhythmus der Gezeiten. *Atlantik oder Pazifik?* Der Pazifik ist für mich ein Traumozean, unter anderem weil ich dort mit dem Wind viel Glück gehabt habe. Unser Nordatlantik ist einfach rauer. *Ankern oder Hafen?* Wenn es die Möglichkeit gibt: Ankern!

... Revier-Geheimtipps

Die unbewohnte Insel westlich der Isla Margarita vor Venezuela und die Algarve mit ihren netten Menschen, wunderbaren Ankergelegenheiten und guten Versorgungsmöglichkeiten. Und natürlich Gröde-Appelland, eine wunderschöne Hallig in Schleswig-Holstein.

... Vorgehen in schwerem Wetter

Das Großsegel bergen, das Vorsegel weit einrollen, überprüfen, ob alles weggestaut und festgebunden ist. Wenn es ganz heftig kommt: alle Seeventile schließen.

... Mittel gegen Seekrankheit

Da hilft nur weitermachen. Ich habe mir ein Lager fertig gemacht und mich nur erhoben, wenn es nötig war.

Pannen im Paradies

… wichtigstes Ersatzteil
Durch Zufall hatte ich Stößelstangen an Bord, die waren bei der Motorreparatur nützlich. Und Küchenwecker, die haben einen hohen Verschleiß beim Einhandsegeln.

… seglerisches Vorbild
Ich habe viele Heldenbücher gelesen, deren Protagonisten so perfekt waren, dass ich mir gesagt habe, ich mach das auf meine eigene Tour. Heute habe ich ein seglerisches Vorbild in meinem Sohn Boris Herrmann. Da er aber mit so ganz anderen Schiffen segelt als ich, kann er auch kein unmittelbares Vorbild sein.

… hilfreiche Seiten im Internet
Benutze ich nicht, ich habe lieber Papier in der Hand.

… Versicherungen auf Weltumsegelung
Schiffshaftpflicht, Krankenversicherung, Schiffskaskoversicherung (die ich nicht hatte).

… Lieblingsgericht bei Sturm
Was Trockenes, Cracker zum Beispiel. Gern Bananen. Und regelmäßig Kaffee.

… Lieblingsgericht bei Flaute
Kartoffeln mit Gemüse. Und wenn ich keins habe, mit einer Dose Fisch.

… erprobte Passatbesegelung
Die Genua, manchmal das Besansegel dazu, selten das Groß.

… nützlichstes Kleidungsstück
Im Pazifik ein einfaches Laken zum Schlafen in der Plicht, sonst braucht man da nichts.

Zwölf Fragen an Moritz Herrmann

Warum wolltest du um die Welt segeln?
Aus Neugierde und Lust auf etwas anderes. Ich habe das Meer schon geliebt, ehe ich es zum ersten Mal sah.

Ohne was wärst du nie losgefahren?
Ohne Pass und Geldkarte. Außerdem habe ich immer Fotos meiner Liebsten dabei.

Ein Ausrüstungsgegenstand, auf den du nicht mehr verzichten möchtest?
Der Kartenplotter im Cockpit.

Das Werkzeug, das du am häufigsten in der Hand hattest?
Die Kombi- oder Wasserrohrzange. Egal ob für Konservendosen, Schäkel oder festgerostete Reißverschlüsse.

Die Stärken und Schwächen deines Schiffes?
Es lag gut in der See und machte weiche Bewegungen. Dafür war es extrem langsam, das bin ich aber auch. Es hat wegen des Alters viele Unsicherheiten geborgen. An viele Stellen, wo Rost wirkte, bin ich einfach nicht herangekommen.

Was bedeutet gute Seemannschaft für dich?
Bereit sein, anderen zu helfen. Im Hafen und draußen, selbst wenn es ein bisschen happig ist.

Was war unterwegs Luxus?
Leckeres Essen auf langen Überfahrten, zum Beispiel eine Dose Gänsefleisch.

Was hat dir gefehlt und was gar nicht?
Mir fehlten das unvergleichliche deutsche Wattenmeer und das Kreischen der Möwen. Auch immer wieder der Kontakt zu meinen Lieben und die innere Sicherheit, dass die Reise weitergehen würde. Gar nicht haben mir verstellte Horizonte und Reklame gefehlt.

Hast du je überlegt aufzuhören?
Lange hatte ich keinen Grund aufzugeben. Aber ich habe mich

schon gefragt: Ist das Schiff zu alt? Bin ich zu alt? Als ich zur letzten Etappe aufbrach, hatte ich vorher noch mal alles auseinandernehmen lassen. Es gab einfach keinen Grund anzunehmen, dass es wieder Ärger geben würde. Ich hatte immer die Hoffnung, mit dem treuen alten Boot, auch wenn's am Ende doch nicht ganz treu war, wieder im Heimathafen einzulaufen. Ich wollte die Sache rund machen.

Hattest du manchmal Angst?

Klar, ständig.

Welche Eigenschaften sollte man als Weltumsegler haben?

Nicht aufgeben, bis die Kraft wiederkommt. Manchmal ist man nahe dran zu sagen: »Ich habe keine Lust mehr, ich kann nicht mehr, ich will nicht mehr, lass doch alles schiefgehen.« Stunden später ist das wieder vorbei.

Was würdest du beim nächsten Mal anders machen?

Im Laufe der Reise habe ich die Reparaturen immer gründlicher durchführen lassen. Ich habe mit Fachleuten diskutiert und bin ihrem Rat gefolgt. Was will man dann noch tun? Was kann man dann noch tun?

Segelyacht FIDEL

Bootstyp, Baujahr	Nachgebaute Reinke, 1974
Werft	Buss Werft Hooksiel
Rumpfmaterial	Stahl
Länge über Alles	12,80 m
Breite	4 m
Gewicht	19 t
Tiefgang, Kielform	1,20–2,50 m, Schwenkkiel
Rigg	Ketsch
Segelgarderobe	Großsegel, Ersatzgroßsegel, Genua, Besansegel, Blister (bis Bora Bora an Bord)
Ruderanlage	Hydraulisch mit Klappruder, Autopilot, Windfahne
Maschine	Mercedes, 70 PS, 1000-Liter-Dieseltank
Stromversorgung	Lichtmaschine, Solarpaneele, 4 Batterien à 180 Ah
Wasserversorgung	120-Liter-Wassertank, Trinkflaschen
Kommunikation	UKW-Seefunk, Iridium-Satellitentelefon
Navigation	AIS-Empfänger, 2 Laptops und iPad, Kartenplotter, Radar, wenige Papierseekarten
Ankergeschirr	35-kg-Niro-Bügelanker mit 50 Metern 8-mm-Kette, 15-kg-Bruceanker, 12-kg-Plattenanker, weitere Anker
Beiboot	Schlauchboot mit 2,3-PS-Außenbordmotor
Sonstiges	Dieselofen

Christine und Herbert Graßhoff mit SY SCHÜSSEL, Mai 2010 bis August 2015, Neustadt–Medemblik, 34.400 Seemeilen, 1918 Tage

10 Mit dem Traumschiff ins Blaue

Das Ziel ist alt, das Boot brandneu: Christine und Herbert Graßhoff und ihre Jungfernfahrt für Fortgeschrittene

Schüssel, Gurke, Pott – vieles aus der Kombüse bezeichnet ein Schiff, das seine besten Tage hinter sich hat. An dem sich Rostnasen über die Außenhaut ziehen, die Segel vergilbt am Rigg kleben und der Möwenschiet an Deck niemanden kümmert. Ganz anders hingegen präsentiert sich die dunkelblaue Segelyacht, mit der Christine und Herbert Graßhoff die Welt umrundet haben: makelloser Rumpf, gepflegtes Teakdeck, solider Aufbau. Ihr Name, SCHÜSSEL, zeugt vom Humor der Eigner.

Ein Brief an Jimmy Cornell

Christine wächst an der Weser auf, lernt hier als Jugendliche das Segeln. Ihren ersten Jahresurlaub verbringt die junge Außenhandelskauffrau bei Freunden an Bord – von der Nordsee segeln sie nach Spanien. Es ist dieser Törn, auf dem Christine erstmals Blauwasserluft schnuppert und anfängt, vom tiefen Atemzug zu träumen. Wenig später ist sie stolze Eignerin eines kleinen Kajütsegelbootes. Nicht genug, sie schreibt einen Brief an Welt-

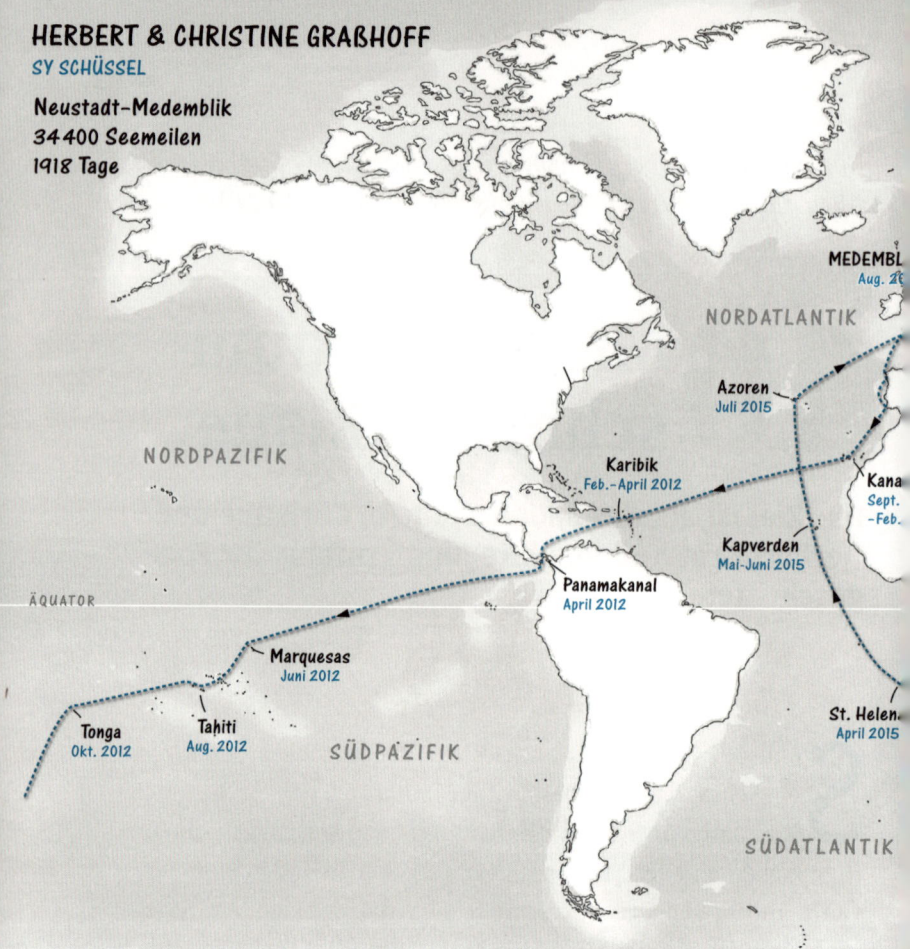

MEDEMBL
Aug. 2€

NORDATLANTIK

Azoren
Juli 2015

NORDPAZIFIK

Karibik
Feb.–April 2012

Kana
Sept.
–Feb.

Kapverden
Mai–Juni 2015

Panamakanal
April 2012

ÄQUATOR

Marquesas
Juni 2012

Tonga
Okt. 2012

Tahiti
Aug. 2012

SÜDPAZIFIK

St. Helena
April 2015

SÜDATLANTIK

umsegler Jimmy Cornell: Ob sie mit dem Schiff über den Atlantik segeln könne? Cornell antwortet: Sicher, aber du brauchst eine gute Ausrüstung.

Etwas ganz anderes verdrängt vorerst jedoch die Abenteuerlust der jungen Seglerin: ihre Karriere. Die knapp 30-jährige Christine macht sich selbstständig, die Firma wächst und läuft gut. So verschwindet ihre Weltkarte unter dem Ostseehandbuch im Kartentisch des zwölf Meter langen Stahlschiffs, auf dem die Unternehmerin nun ihre Segelsommer verbringt.

Im Heimathafen Neustadt liegt, nur wenige Plätze neben Christines PRO MOTION, die Contest 44 SCHÜSSEL von Herbert Graßhoff. »Schließlich war es Herberts Hund Fritz, der uns eines Tages zusammenführte«, lacht Christine. Er war ausgebüxt, sie brachte ihn zurück. »So sind wir ins Gespräch gekommen und haben festgestellt, dass wir beide den gleichen Traum vom Langfahrtsegeln haben«, erzählt Herbert. Aus zwei Träumern wird ein Paar, aus zwei Träumen ein Plan: um den Atlantik zu segeln, in den Jahren 2004 und 2005. Auf einer neuen Contest 48, der Architekt Herbert nicht wiederstehen kann. Sie ist ein wenig größer und hat einen Decksalon, doch der Name bleibt gleich. SCHÜSSEL Nummer eins und PRO MOTION verkaufen sie.

Neun Monate im Bauch der Werft

Christine und Herbert lieben die langen Schläge auf dem Atlantik – und reden von Weltumseglung. Das Schiff für die Reise haben sie. Eigentlich, denn bei der Rückkehr vom Atlantik zieht eine nagelneue Contest 55 an der Pier in Medemblik Herberts Blicke auf sich. Klar ist, dass »wenn wir uns noch mal ein neues Schiff kaufen würden, dann nur eines nach unseren eigenen Vorstellungen«. Schwierig bei einem Modell aus der Kleinserie der niederländischen Werft. Aber Häuslebauer Herbert bringt eine Zeichnung zu Papier, die überzeugt. Und mehr noch: Die Werft baut die Yacht ohne Aufpreis für die Sonderausstattung. Anschließend soll die Graßhoff-Version als Langfahrtausführung angeboten werden.

Die gravierendsten Änderungswünsche der ambitionierten Blauwassersegler betreffen das Vorschiff: Statt einer V-Koje wird ein begehbarer Stauraum samt Werkstatt eingebaut. Durch das Luk der Kammer kann selbst die kleinste Crew das riesige Vorwindsegel rasch bergen. Dazu kommen ein Trockenraum für Ölzeug, ein Kutterstag sowie hydraulisch bedienbare Rollsegel. Im Unterwasserschiffsbereich ist ein 2,70 Meter tiefer Kiel mit Bleibombe anstelle des werftseitig vorgesehenen Flügelkiels die größte Modifikation.

Nach neun Monaten im Bauch der Werft ist ihr Schiff im Mai 2008 fertig.

Christine und Herbert erleben den Bauprozess ihrer Weltumseglungsyacht vom ersten Federstrich an. Alle sechs bis acht Wochen fahren sie in die Hallen am IJsselmeer. Beratschlagen mit den Handwerkern und machen Fotos von Stellen des Rumpfes, die sie später nie wiedersehen werden. Nach neun Monaten im Bauch der Werft ist ihr Schiff im Mai 2008 fertig.

Endlich geht es los!

In den beiden folgenden Sommern testen Christine und Herbert ihre SCHÜSSEL Nummer drei auf der Ostsee. Da sie ihrem Namen glücklicherweise keine Ehre macht, nehmen die Vorbereitungen für die Weltumsegelung konkrete Züge an: Der selbstständige Architekt und die Unternehmerin lernen Wunden nähen im Medizinkurs, Zündkerzen wechseln im Motorenlehrgang und globale Windsysteme nutzen im Wetterseminar. Herbert verkauft seine Firmen, was dazu führt, »dass wir in der glücklichen Lage waren, uns für die Reise keine finanzielle Obergrenze setzen zu müssen«. Minimal drei Jahre schweben ihnen vor, wenn es länger wird, ist das auch in Ordnung. Sie planen, gelegentlich nach Deutschland zu fliegen. Zum Familienbesuch und für die Steuererklärung. Den Schlüssel zum Haus am Berliner Stadtrand drücken sie Herberts Tochter in die Hand, die während der Abwesenheit nicht nur die Post verwaltet und die Blumen gießt, sondern auch Christines Geschäfte führt.

Noch von Deutschland aus informiert Christine sich über Einreisebedingungen, Fristen, Verfahren und Feiertage in den Ländern entlang der Barfußroute. Spontanität? »Das ist in der Tat schwierig«, so Christine. »Ich hatte mir das Einklarieren mancherorts einfacher vorgestellt.« Sie verstaut Passbilder und kopiert die überschaubaren Crewlisten. »Wir hatten vorsichtshalber ein zehn Jahre gültiges Multiple-Entry-Visum für die USA beantragt, da wir

Der Architekt und die Unternehmerin lernen Wunden nähen im Medizinkurs, Zündkerzen wechseln im Motorenlehrgang und globale Windsysteme nutzen im Wetterseminar.

wussten, dass wir von unterwegs über die USA nach Deutschland fliegen würden.«

Im Mai 2010, Christine ist 51, Herbert 65 Jahre alt, überführen sie SCHÜSSEL für einen letzten Boxenstopp nach Medemblik. Ihre Abfahrt ist unauffällig, ohne Hupkonzert. Christine ist vorsichtig. »Ich habe immer etappenweise gedacht, am Anfang nie an die ganze Weltumsegelung. Und unseren Plan auch nicht groß angekündigt«, so die Seglerin. Lieber am Ende feiern, ist ihr Credo. »Das ausgeprägte Wissen über die technischen Finessen einer solchen Reise« macht sie skeptisch. Herbert hingegen frohlockt: »Endlich geht es los!«

Das ausgeprägte Wissen über die technischen Finessen einer solchen Reise macht Christine skeptisch.

Kanarische Kinderkrankheiten

SCHÜSSEL erreicht Gran Canaria im September 2010, im kommenden Januar soll es über den Atlantik gehen. Doch die gesamte Navigationselektronik fällt aus, und Diagnose, Lieferung und Einbau der neuen Instrumente dauern länger als geplant. Das Fenster für die Atlantiküberquerung ist längst zugeschlagen, sodass Christine und Herbert nicht ganz freiwillig zu Revierexperten der Kanaren werden. Im Februar 2012 endlich verlassen sie den Hafen von Puerto de Mogán. Das Ziel: die 3000 Seemeilen entfernte Karibik.

Auf See passt die Crew den Wachrhythmus ihrem Biorhythmus an: Nach dem Abendessen legt Christine sich schlafen, bis Skipper Herbert sie zwischen drei und vier Uhr morgens weckt, um sich selbst bis zum Vormittag aufs Ohr zu legen. »So bekommt jeder sechs bis sieben Stunden Schlaf am Stück. Tagsüber hat sich dann hingelegt, wer gerade müde war«, erklärt Herbert. Während Christine die Nachtwache meist einfach nur genießt, den Radarmonitor und das Schiff regelmäßig überprüft und gelegent-

Christine und Herbert Graßhoff

lich zur Cola greift, ist Herberts Rezept für die einsamen Stunden ein anderes: Hörbücher über die Außenlautsprecher hören.

»Unsere wichtigste Regel war, dass immer einer wach ist«, sagt Christine. »Wir haben einige Male Berufsschifffahrt oder andere Segler mitten auf dem Ozean mit nur sehr geringem Abstand passiert. Kein Wunder, wenn alle die gleichen Wegpunkte benutzen.« Eiserne Regel Nummer zwei, nachdem eine Welle das gesamte Mann-über-Bord-Equipment davongespült hat: An Deck immer angeleint sein – »Und wenn der Lifebelt das Einzige war, was wir trugen.«

Plan B im Pazifik

In der Karibik steht auch für Christine fest, dass sie weitersegeln wollen. »Spätestens nach dem Panamakanal gibt es ohnehin kein Zurück mehr«, so die gebürtige Bremerin. Empfinden andere die

Durchquerung des Nadelöhrs zwischen Atlantik und Pazifik als Strapaze, leuchten Herberts Augen allein bei der Erinnerung. »Es war unheimlich spannend, durch diese gigantischen Schleusen zu fahren.« Auch die Wartezeit vor der Passage in der Shelter Bay Marina vergeht für die beiden mit Besuchen im angrenzenden Urwald wie im Flug. 200 Dollar investieren sie für einen Agenten, der ihnen die bürokratische Anmeldeprozedur für den Kanal abnimmt. »Aber das hat sich gelohnt.«

Bei der Ausfahrt durch die Miraflores-Schleuse in den Pazifik klingelt das Telefon. Herberts Tochter samt Enkel verfolgen die Durchfahrt auf der Webcam der Schleuse. »Wir sehen euch!«

»*In solchen Momenten habe ich im Hinterkopf den Plan B gemacht, das Schiff in Neuseeland auf den Frachter zu stellen.*«

Ein seltener Moment, doch die Familie steht regelmäßig in Kontakt: Auf See schickt Herbert täglich um Mitternacht ihre Position in einer E-Mail nach Hause. »Einmal habe ich es vergessen. Da klingelte prompt das Satellitentelefon. Ob alles in Ordnung sei …« Anders als viele andere Langfahrtsegler haben die Graßhoffs keine Kurzwellenfunkanlage an Bord. Private und geschäftliche E-Mails empfangen und verschicken sie bei Ozeanpassagen über ihr Inmarsat-Telefon.

Im Pazifik angekommen, lassen sich die beiden von der Einklarierungsprozedur auf den Galapagosinseln abschrecken und nehmen direkt Kurs auf die über 4000 Seemeilen entfernte Inselgruppe der Marquesas. Wasser und Proviant sind für die doppelte Strecke an Bord. Probleme kommen an ganz anderer Stelle auf: Der hydraulische Autopilot fällt aus, als noch 3000 Seemeilen vor SCHÜSSELS Bug liegen. Das elektrische Backup funktioniert, doch Christine wird noch heute ganz anders bei dem Gedanken daran, zu zweit von Hand über den Pazifik steuern zu müssen. »In solchen Momenten habe ich im Hinterkopf den Plan B gemacht, das Schiff

Christine und Herbert Graßhoff

in Neuseeland auf den Frachter zu stellen«, sagt die Seglerin. Und nicht genug: Radar- und Kartenplotter machen auf dem Weg in die Südsee ebenfalls schlapp. Doch einmal mehr zahlt sich der gute Kontakt zum Yachtservice in den Niederlanden aus. Ein Anruf zwecks Ferndiagnose genügt, um das System neu zu starten. Schließlich genießen die beiden fünf Monate lang Segeln im Südpazifik, bevor sie den Kurs auf ihr Traumziel Neuseeland abstecken.

»Hier hätten wir bleiben können«

Die Ankunft ist denkwürdig: In der Hafeneinfahrt stottert die Maschine und geht schließlich ganz aus. Unter Segeln bringen Christine und Herbert ihr 26-Tonnen-Schiff an den Steg. Immerhin erwartet der Hafenmeister die Contest, denn schon vor der Abfahrt aus einem Hafen reserviert Christine stets einen Liegeplatz am nächsten Ziel. »Auch wenn SCHÜSSEL eher zu den größeren Yachten unter den weltumsegelnden zählt, empfehlen wir das auch kleineren Schiffen«, rät Christine. »Man ist platt, wenn man nach 30 Tagen auf See in einen Hafen einläuft und gleich wieder rausgeschickt wird. Unsere Erfahrung war, dass auch die Häfen sich darüber freuen.«

In Neuseeland fühlen sich Schiff und Crew wohl. Während Profis Rigg, Segel und Rumpf für den zweiten Teil der Weltreise vorbereiten, bereisen Christine und Herbert das Land. »Neuseeländische Werften sind ein Traum für Segler«, schwärmt Herbert noch heute von der Aufmerksamkeit, die seine SCHÜSSEL bekam. »In der Karibik nennt sich jeder Ingenieur, der einen Schraubenschlüssel halten kann. Da waren wir vorsichtig, wen wir an Bord lassen.« Sie besegeln die Nordinsel, befahren die Südinsel und knüpfen Kontakte. Überlegen gar, ihr Schiff in Neuseeland zu lassen. Doch jeweils 30 Stunden Anreise wollen die Berliner nicht in Kauf nehmen. Nach eineinhalb Jahren in ihrem persönlichen Paradies legen sie ab, Richtung Neukaledonien.

Von nun an bringt ein unter Langfahrtseglern weit verbreitetes Thema den Reiseplan durcheinander: Der Gesundheitszustand von Christines Mutter fordert häufige Flüge nach Deutschland. Von Australien sehen die Berliner nur die Flughäfen in Cairns und Darwin, die Zeit reicht zur Erkundung des roten Kontinents nicht aus.

56 Knoten Wind

SCHÜSSELS Crew gibt Gas, es folgt ihr längster Schlag: 4600 Seemeilen von Darwin über den Indischen Ozean nach Réunion, dann noch mal 1500 Meilen weiter nach Südafrika. Um die von Seglern und Seefahrern respektierte, wenn nicht gefürchtete Passage der südafrikanischen »wilden Küste« zu meistern, studieren sie die lokale Wetterküche und warten auf ein Zeitfenster für den Schlag von Durban bis Saldanha.

Trotz aller Vorsicht erwischt es sie: 40 bis 56 Knoten Wind aus Südost fordern 16 Stunden lang alles von Crew und Schiff.

Üblicherweise vertrauen sie dem Wetterrouting des Deutschen Wetterdienstes, doch hier gelten andere Gesetze. »Tiefdruckgebiete aus dem Südpolarmeer bringen Südwestwind, der gegen den Agulhasstrom aus Nordost steht. Das führt zu Wellen, die knapp 20 Meter hoch werden können«, erklärt Herbert. Trotz aller Vorsicht erwischt es sie: 40 bis 56 Knoten Wind aus Südost fordern 16 Stunden lang alles von Crew und Schiff.

Für den weiteren Heimweg verlassen sie die Passatroute, die über Brasilien in die Karibik führt. Von dort müsste SCHÜSSEL erneut den Nordatlantik zurück nach Europa überqueren. Dies würde das Logbuch für mindestens ein weiteres Jahr füllen. Ein halbes Jahr, das sie nicht haben. Hoch am Wind segeln Christine und Herbert daher über Sankt Helena und die Kapverden zu den Azoren. Ein gebrochenes Want und ein Maschinenausfall beim

Christine und Herbert Graßhoff

Anlaufen von Terceira sorgen für Nervenkitzel auf den gefühlt letzten Meilen der Weltumsegelung.

Weltumsegler, Astronauten und Fahrräder

Fast schon von selbst findet die Contest den Weg durch das Schiffsgetümmel im Ärmelkanal in den Hafen von Medemblik, wo sie ein umfassendes Refit erwartet. »Das Schiff hat fast 35.000 Seemeilen auf der Weltumsegelung zurückgelegt. Wenn man annimmt, dass eine Yacht in einem Ostseesommer auf 1000 Meilen kommt, sind das 35 Segeljahre«, erklärt Herbert den erneuten Werftaufenthalt.

Traurig nehmen Graßhoffs Abschied von ihrer SCHÜSSEL. Medemblik–Berlin – keine sieben Stunden mit dem gemieteten Transporter. Viel zu wenig Zeit, um die Eindrücke aus knapp 2000 Tagen zu verarbeiten. »Zu Hause zu sein, war einen Tag lang schön. Dann sind wir in ein Loch gefallen«, sagt Herbert. Zum ersten Mal seit fünf Jahren sind beide erkältet. »Der Spruch ›Mit Erreichen des Ziels geht ein Traum verloren‹ stimmt«, sagt Herbert. »Wie will man eine Weltumsegelung noch toppen? Wir müssen uns darüber im Klaren sein, dass das Leben jetzt weitergeht und uns neue Prioritäten setzen.« Physiotherapie für

»Als Segler bekommst du ein Gefühl für die Dimensionen, wenn du 28 Tage im Indischen Ozean unterwegs bist oder Afrika von Süd nach Nord passierst.«

die Beine steht an, um den Muskelschwund zu bekämpfen, den beide bemerken. Sie betreuen die Werftarbeiten, Christine verkauft ihre Firma. Ihr Fazit des großen Törns: »Ich hatte die Hoffnung, dass wir mit einem neuen Schiff weniger technische Probleme haben würden. Aber bei uns ging das gleiche kaputt wie bei anderen Langfahrtseglern: Wassermacher, Generator, Autopilot.«

Bei beiden hat die Reise Spuren hinterlassen. »Wir leben in Deutschland im Paradies. Wer hier meckert, der sollte einmal um die Welt segeln, um zu merken, wie gut wir es hier haben«, sagt Herbert, nicht ohne zu relativieren: »Dieser Globus ist wunderschön. Nur Astronauten erleben das vielleicht noch intensiver. Aber auch als Segler bekommst du ein Gefühl für die Dimensionen, wenn du 28 Tage im Indischen Ozean unterwegs bist oder Afrika von Süd nach Nord passierst.« Christine ergänzt: »Der Vergleich ist besonders deutlich, wenn man zwischenzeitlich in wenigen Stunden nach Hause fliegt. Da wurde uns bewusst, dass wir die Welt im Fahrradtempo umkreisen.«

Nachgehakt: Christines und Herberts …

… Tipps für Weltumsegler

- Einfach machen! Vor allem, wenn man schon ein geeignetes Schiff hat. Aber längere Reparaturzeiten und mehr finanzielle Mittel einplanen, als ursprünglich vorgesehen.
- Unbedingt die Qualität des Diesels beim Tanken überprüfen. Zum Beispiel über einen durchsichtigen Vorfilter. Auch eine Geruchsprobe hilft.
- Am Ankerplatz das Licht anlassen. Aus einem Ausflug am Nachmittag wird schnell ein ganzer Abend. Dann das Schiff im Dunkeln wiederzufinden, kann dauern …

... wichtigste Bücher an Bord

- Alles von Jimmy Cornell, vor allem »Segelrouten der Welt« – die Bibel der Weltumsegler.
- Hafen- und Medizinhandbücher.
- Ein E-Reader. So reisen mehr Bücher mit, als man jemals lesen kann. Über das Mobilfunknetz können neue Titel runtergeladen werden und es ist hintergrundbeleuchtet, was praktisch für die Nachtwachen ist.

... spontane Antworten

Nordsee oder Ostsee? Ostsee, keine Tide.
Atlantik oder Pazifik? Pazifik. Die Inseln sind so traumhaft schön.
Hafen oder Ankern? Ankern ist schöner, Hafen praktischer. Wir waren schätzungsweise 60 Prozent im Hafen und 40 Prozent vor Anker.

... Revier-Geheimtipps

Zwar kein Geheimtipp, aber uns hat Neuseeland unglaublich gut gefallen. Wer einmal die Perspektive wechseln möchte, dem sei ein Flug über die Südinsel empfohlen.

... Vorgehen in schwerem Wetter

Versuchen, gar nicht erst hineinzugeraten. Und wenn doch: rechtzeitig reffen, auf See bleiben oder vom Land wegkommen. Immer anleinen.

... Mittel gegen Seekrankheit

Herbert ist nie seekrank geworden, Christine nur ganz selten.

... wichtigstes Ersatzteil

Fürs Schiff: ein zweiter Autopilot, Pumpen, und, und, und. Zwar kein direktes Ersatzteil, aber auch wichtig sind mehrere Adapter für das Auffüllen von Gasflaschen in Ländern wie Australien, Neuseeland oder den USA. Und für uns hatten wir je einen zweiten Pass dabei. Für den Verlustfall, die Einreise von Kuba in die USA oder um auch ablegen zu können, falls ein Hafenkapitän die Pässe mal einsammelt und sie nur gegen ein sattes Schmiergeld

Christine und Herbert Graßhoff

wieder rausgeben will. Mit der Begründung, dass wir um die Welt segeln, haben wir ihn ohne Probleme bekommen.

... seglerisches Vorbild
Jimmy Cornell war derjenige, der uns mit seinem Buch motiviert hat, diese Reise zu unternehmen.

... hilfreiche Seiten im Internet
www.noonsite.com, www.auswaertiges-amt.de.

... Versicherungen auf Weltumsegelung
Schiffshaftpflichtversicherung, Schiffskaskoversicherung, Auslandskrankenversicherung.

... Lieblingsgericht bei Sturm
»5 Minuten Terrine«. Geht schnell und macht satt.

... Lieblingsgericht bei Flaute
Spaghetti Bolognese, Steak und alles, was sonst aus der Pfanne springt. Und selbst aus abgelaufener Brotbackmischung lässt sich mit getrockneter Hefe wunderbar frisches Brot backen.

... bewährte Passatbesegelung
Der Parasailor, ohne Wenn und Aber. Er verzeiht viele Fehler. Wir sind ihn sogar nachts bei sehr viel Wind gefahren. Durch den Tragfallschirm zieht er den Bug nach oben und das Schiff liegt sofort ruhig.

... nützlichstes Kleidungsstück
Der Lifebelt, mit Leine natürlich. Sonst Shorts, Jeans, T-Shirt – mehr brauchst du nicht.

Zwölf Fragen
an Christine und Herbert Graßhoff

Warum wolltet ihr um die Welt segeln?

Wir lieben die langen Schläge und die Zweisamkeit in der Einsamkeit. So ist aus dem Traum, über den Atlantik zu segeln, mehr geworden. Es ist die beste Art, die Welt im eigenen Zuhause kennenzulernen. Der Weg war das Ziel, all die Inseln und Orte zu sehen, war die schöne Beigabe.

Ohne was wärt ihr nie losgefahren?

Autopilot. Klar haben wir auch mal selbst gesteuert. Aber maximal zehn Prozent der Zeit.

Ein Ausrüstungsgegenstand, auf den ihr nicht mehr verzichten möchtet?

Der Parasailor. Er verzeiht Fehler und kann länger stehen bleiben, da der Druck entweichen kann.

Das Werkzeug, das ihr am häufigsten in der Hand hattet?

Zangen, Schraubendreher und Marlspieker.

Die Stärken und Schwächen eures Schiffes?

Das war ein und dasselbe: der große Tiefgang. Er hat riesige Vorteile auf Blauwasserfahrt, was das Höhelaufen angeht. Der Nachteil ist, dass man weit draußen ankern muss.

Was bedeutet gute Seemannschaft für euch?

Ständig Wache gehen, kein Alkohol auf See und mit allen Mitteln dafür sorgen, dass keiner über Bord geht.

Was war unterwegs Luxus?

An Bord warm duschen zu können und eigene Sanitäranlagen zu haben. Die großen Wassertanks in Kombination mit dem Wassermacher haben das ermöglicht.

Was hat euch gefehlt und was gar nicht?

Herbert: Auch wenn es komisch klingt: Frischer Fisch hat gefehlt. Wir sind wohl die einzigen Weltumsegler, die ihre Angelausrüstung ungenutzt um die Welt geschippert haben. Aber wir haben es einfach nicht übers Herz gebracht, die Fische zu töten.

Christine: Eine Waschmaschine wäre schön gewesen, um nicht auf die teils bizarren Waschmöglichkeiten in den Marinas angewiesen zu sein. Gar nicht gefehlt haben eine Klimaanlage und der Fernseher.

Habt ihr je überlegt aufzuhören?

Nein, eigentlich nicht. Aber als die Elektronik bei der Ankunft im Pazifik ein zweites Mal ausfiel und der ganze Ozean noch vor uns lag, habe ich [Christine] schon an einen Plan B gedacht, falls das so weitergeht …

Hattet ihr mal Angst?

Angst wäre übertrieben, aber bei einem einwöchigen Gewittercluster hinter dem Panamakanal lagen die Nerven blank. 56 Knoten Wind am Kap der Guten Hoffnung brauchen wir auch nicht noch mal. Und als wir nach dem Ausfall des ersten Autopiloten das Backup aktivieren konnten, waren wir unendlich erleichtert. Da lagen noch 3000 Meilen Ozean vor uns. Das von Hand zu steuern, ist der Albtraum jeder kleinen Crew.

Welche Eigenschaften sollte man als Weltumsegler haben?

Die Hartnäckigkeit, Fehler zu finden, und die Fähigkeit, sie beheben zu können. Christine hatte eine Art siebten Sinn für Dinge, die kaputtgehen würden.

Was würdet ihr beim nächsten Mal anders machen?

Die Galapagosinseln nicht auslassen und Australien bereisen.

Christine und Herbert Graßhoff

Die Segelyacht SCHÜSSEL

Bootstyp, Baujahr	Contest 55 CS, 2008
Werft, Konstrukteur	Contest Yachts (Medemblik), Georg Nissen
Rumpfmaterial	GFK
Länge über Alles	17 m
Breite	4,65 m
Gewicht	26 t
Tiefgang, Kielform	2,67 m, Bulbkiel
Rigg	Kutterrigg, toppgetakelt
Segelgarderobe	Rollgroß, Rollgenua, Rollkutterfock, Parasailor, Gennaker
Ruderanlage	Freistehendes Ruder, hydraulischer und elektrischer Autopilot
Maschine	Perkins, 150 PS, 1000-Liter-Dieseltank
Stromversorgung	5-kW-Generator (6–8 Liter Diesel/Tag), 10 Gelbatterien à 90 Ah
Wasserversorgung	2 x 500-Liter-Wassertanks, 4 Liter pro Tag in Flaschen, Wassermacher
Kommunikation	UKW-Seefunk, Iridium-Satellitentelefon für Telefonate, Inmarsat-Satellitentelefon für E-Mail und (Wetter)Datentransfer; Provider: Globe Wireless
Navigation	AIS (Sender/Empfänger), Kartenplotter, Hand-GPS, Tablet, elektronische und Papierseekarten, 4G-Radar, Sextant
Ankergeschirr	40-kg-Pflugscharanker mit 70 m Edelstahlkette, 25-kg-Bruceanker mit 10 m Edelstahlkette und 40 m Leine, elektrische Ankerwinsch
Beiboot	3,70-m-Schlauchboot (15 PS)
Sonstiges	Dieselheizung, Bugstrahlruder

11 Das segelnde Klassenzimmer

Ahoi, Herr Lehrer: Familie Winkelmann und ihre Weltumsegelung mit zwei schulpflichtigen Kindern

Was gehört zu einer erfolgreichen Weltumsegelung? Ein tüchtiger Kahn, ein erfahrener Käpt'n, keine Frage. Das Wissen um Wind und Wirbelstürme, sicherlich. Und hin und wieder – Vegetarier wird's wenig freuen – auch ein gegrilltes Wildschwein. Zumindest auf Familie Winkelmanns Reise waren die saftigen Haxen ausschlaggebend für die Ankunft am Ziel. Dies und der feste Glaube der beiden Kleinsten an Bord.

Kurs Einschulung liegt an

Luise und Lars Winkelmann, zwei waschechte Berliner, globetrotten seit jeher mit Leidenschaft. Lars fährt nach dem Studium mit dem Auto Richtung China, segelt wochenlang zwischen Australien und Papua-Neuguinea. Luise schnürt ihren Reiserucksack in jeder freien Minute an der Medizinfakultät. Als sie sich kennenlernen, hat Lars es nicht schwer, Luise für die Weltenbummelei

auf dem Wasser zu begeistern. Die Idee der großen Seereise mit eigenen Kindern war somit noch vor diesen geboren.

Doch ihr Vorhaben trifft auf Unglauben. »Wenn ihr das schafft, grille ich euch ein ganzes Wildschwein bei der Rückkehr«, entfährt es einem guten Freund. Er kann nicht ahnen, wie entscheidend sein Versprechen noch sein wird.

Mit der Geburt von Sohn Till steht der Starttermin: In sechs Jahren, pünktlich zur Einschulung, soll es losgehen. »Durch den Schulbeginn hätte sich dann ohnehin etwas verändert«, erklärt

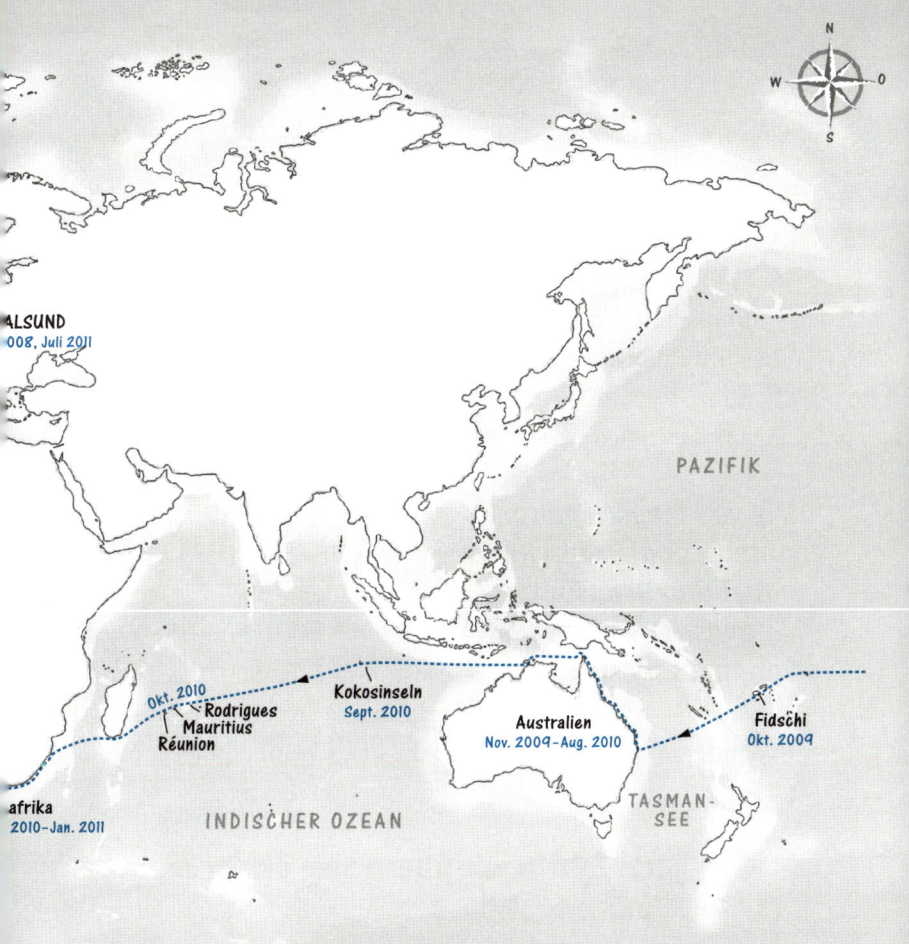

ALSUND
008, Juli 2011

PAZIFIK

Kokosinseln
Sept. 2010

Okt. 2010

Rodrigues
Mauritius
Réunion

Australien
Nov. 2009–Aug. 2010

Fidschi
Okt. 2009

afrika
2010–Jan. 2011

INDISCHER OZEAN

TASMAN-
SEE

Luise. Als Marlene zwei Jahre später zur Welt kommt, beginnen ihre Eltern, Schiffsannoncen zu wälzen. Sie suchen Stahl, so viel steht fest. Das Material gibt Lars Vertrauen, Aluminium ist zu teuer. Auf der Wunschliste für ein kindertaugliches Schiff stehen ferner ein sicheres Mittelcockpit, eine von außen zugängliche Achterkabine und ein Deck ohne Stolperfallen. Das Budget: 70.000 Euro für Yacht und Ausrüstung. In Amsterdam scheint eine langfahrterprobte Elf-Meter-Yacht mit fester Sprayhood und geschützter Plicht nur auf sie zu warten. Winkelmanns schlagen zu und überführen ihre SPICA in die Ostsee, wo die Berliner Familie die kommenden Sommerurlaube an Bord verbringt. Luise lernt segeln, die Kleinen erforschen die gemütlichen Höhlen im Schiff.

Endlich liegt der Einschulungsbescheid für Till im Briefkasten. Die Schulpflicht ist eine der größten Hürden für deutsche Familien mit Blauwasserambitionen. Winkelmanns aber schreckt sie nicht, sie stellen einen Antrag auf Beurlaubung für den Junior und – haben Glück: Die zuständige Behörde überträgt dem Schulleiter die Entscheidung. Der segelt selbst und sagt nicht Nein.

Die von Menschenhand gebauten Kanäle zwischen Kiel und Brunsbüttel, zwischen Colón und Panama City sind tabu.

Im folgenden Frühjahr wird es ernst: Luise besteht die Facharztprüfung, Versorgungstechniker Lars kündigt, ihr Zahnarzt erneuert die kritischen Füllungen, Freunde übernehmen die Wohnung. Alles ist vorbereitet.

Jetzt fahr'n wir übern See, übern See

Die Winkelmannsche Weltumsegelung soll eine kalkulierte Auszeit von drei Jahren werden. »Länger hätten die Ersparnisse nicht gereicht«, sagt Lars. »Wir waren weder Zeit- noch Geldmillionäre.« Als sie im Juli 2008 die Leinen loswerfen, ist Luise 36, Lars 42, die Kinder sind vier und knapp sechs Jahre alt. Über den Limfjord verlässt SPICA die Ostsee, später soll die Reise rund Südamerika führen. Auf natürlichen Wasserwegen um die Welt. Das heißt: Die von Menschenhand gebauten Kanäle zwischen Kiel und Brunsbüttel, zwischen Colón und Panama City sind tabu.

Erst als die Nordseeküste langsam am Horizont verschwindet und der Ärmelkanal am Adrenalinpegel schraubt, beschäftigen Luise und Lars sich ernsthaft mit der Frage, was es heißt, mit ihren Kleinen am südlichsten Kap der Welt zu segeln, die ungenießbare Wetterküche dort zu kosten. Sie entscheiden, »dass wir dafür einen weiteren Erwachsenen an Bord gebraucht hätten«. So bleibt der Plan mit den natürlichen Wasserwegen irgendwo zwischen den Niederlanden und Nordspanien im Kielwasser der Familiencrew. Neuer Kurs: über Marokko und die Kanaren in die Karibik und weiter entlang der Barfußroute durch den Panamakanal in den Pazifik.

Marlene und Till saugen den Bordalltag wie Schwämme in sich auf. »Komm, wir gehen nach Hause« heißt, mit dem Dingi zurück zum Schiff zu fahren, dessen Relingsnetz von Weitem verkündet: Hier hausen kleine Segler! Die natürlichste aller Fragen an andere Kinder, egal woher, wohin oder mit welchem Gefährt unterwegs, lautet bald: »Liegt ihr im Hafen oder vor Anker?« Dafür, dass es auf See weniger Streit gibt als an Land, hat Luise eine einfache Theorie: »Alle haben das gleiche Ziel: ankommen.« Allein die Unordnung auf den wenigen Quadratmetern Lebensraum, den die Familie mit Legosteinen, Malbüchern und Plüschtieren teilt, provoziert gelegentlich Unmut.

Dafür, dass es auf See weniger Streit gibt als an Land, hat Luise eine einfache Theorie.

Auf langen Schlägen spielen die Geschwister im Salon oder in den Kojen, selten an Deck. Schwimmwesten sind Pflicht, sobald sie den Niedergang hochgekrabbelt sind und das Cockpit verlassen haben. Till hat schon vor der Abfahrt schwimmen gelernt, Marlene während der Reise.

Segelschule ahoi!

Bleibt die Küche am ersten Tag nach dem Ablegen meist kalt (familienweites Unwohlsein in der Magengegend …), kreiert Luise ab Tag zwei Lieblingsessen, so lange die Vorräte sie hergeben. Die Traditionen des Landlebens begleiten Winkelmanns um die Welt: montags Spaghetti, samstags Kartoffelbrei (in der Südsee alternativ Brotfruchtbrei), donnerstags das »Kinderwunschgericht« und ein Film zum Nachtisch. Neu ist der Anlege- und Manöverkeks – die kinderfreundliche Variante des beliebten Schlucks. Luise backt Brot, Till Eierkuchen.

Die Aufgabenverteilung der Großen ist, anders als im Landleben, klar und klassisch: Luise schmeißt die Küche, Lars ist Skipper, Navigator, Techniker. Am Ende des ersten Sommers, im September 2008 in Spanien, schlüpfen drei Viertel der SPICA-Crew in neue, ganz ungewohnte Rollen: Till wird Schüler, Luise und Lars werden seine Lehrer. Für den Sechsjährigen beginnt die Bordschule am selben Tag wie für die Gleichaltrigen in Deutschland, wo Luise sich schon vor der Abfahrt mit Schulbüchern für die kommenden drei Jahre eingedeckt hat.

Im Sportunterricht rudert Till im Beiboot und rennt am Strand um die Wette, in Deutsch drückt Luise den hübschen Bordstempel unter ein fehlerfreies Diktat.

Im segelnden Klassenzimmer fehlen Mitschüler, ein Schulhof, getauschte Pausenbrote. Auf eine riesige Schultüte muss jedoch weder der Erstklässler noch seine kleine Schwester verzichten. Von nun an dominiert der Schulalltag den Tagesablauf, der Unterricht beginnt am späten Vormittag. Deutsch gibt Mama Luise, Mathe Papa Lars. Der berechnet das tägliche Pensum pragmatisch: »Einfach die Seitenzahl im Mathebuch durch die bevorstehenden Segeltage teilen.« Auf See wird, wenn es nicht zu stark schaukelt, täglich gelernt. Auch am Wochenende. Dafür fallen die Ferien an Land länger aus – reisefrei statt hitzefrei. Auch sonst zeigt sich die SPICA-Schule anpassungsfähig wie wohl keine andere. Im Sportunterricht rudert Till im Beiboot und rennt am Strand um die Wette, in Deutsch drückt Luise den hübschen Bordstempel unter ein fehlerfreies Diktat. Im Matheunterricht berechnet der einzige Schüler

Distanzen, Seemeilen, Ankunftstermine. Nur die Uhrzeiten fallen ihm schwer – sie spielen im Bordleben kaum eine Rolle.

Blauwasserblues

Winkelmanns könnten stolz darauf sein, ihren ersten Ozean sicher überquert zu haben. Doch in der Karibik schleichen sich Zweifel am Vorhaben Weltumsegelung an Bord. Später als geplant war SPICA zur Atlantiküberquerung aufgebrochen, da eine Ersatzteillieferung auf sich warten ließ. Ein Besuch von Luises Eltern in der Karibik verzögert die Weiterreise erneut, der straffe Zeitplan wankt. Luise und Lars merken, dass von der ersehnten Ursprünglichkeit an exotischen Zielen nicht mehr so viel übrig ist wie erhofft. Dass die Inseln fest in der Hand von Charteryachten sind und Gastfreundschaft nicht allerorten auf sie wartet. Sie realisieren, dass die Preise für Lebensmittel, Reparaturen und Liegegelder das Monatsbudget von 1500 Euro gewaltig torpedieren. »Dass es teurer wird, war uns klar«, sagt Lars. »Dass es so viel teurer wird, nicht.« Fast pausenlos repariert er an den kleinen und großen Baustellen der alten Stahlyacht herum. Der

Auch dem ein oder anderen strengen Zollbeamten entlocken die Blondschöpfe ein Lächeln – und einen weniger kritischen Blick auf die komplizierten Einreiseformulare.

ständige Druck, weiter zu müssen, belastet die Crew. Der Familienrat tagt und entscheidet sich, nicht zuletzt dank der Kinder an Bord, fürs Weitermachen. Wenigstens noch die Südsee sehen. Auf Curaçao decken sich Winkelmanns mit Seekarten bis Australien ein.

Nicht nur als Motivationskünstler bewirken Till und Marlene kleine Wunder. Auch dem ein oder anderen strengen Zollbeamten entlocken die Blondschöpfe ein Lächeln – und einen weniger kritischen Blick auf die komplizierten Einreiseformulare. In Kombination mit Luises Sprachtalent umschifft die Familie so bürokratische Hürden und teure Agenten.

Der Pazifik, endlich, versöhnt Winkelmanns mit den Magenschmerzen der Karibik. Die Fahrtenseglergemeinschaft, freundliche Menschen und abendliche Vorlesestunden unterm Sternenhimmel wirken besser als jedes Mittel aus der Bordapotheke. Doch wieder ist die Zeit knapp. Bevor die ersten Zyklone über die Palmenstrände peitschen, wollen, ja, müssen sie in Australien sein. Fünf Monate bleiben für Inselhopping und 8000 Seemeilen zwischen Panama und dem roten Kontinent.

Der Plan sieht vor, dass Till und Marlene in Australien für drei Monate zur Schule gehen. Eine Schule, die nicht pausenlos schaukelt, in der die Zahl der Schüler die der Lehrer übersteigt und in

Familie Winkelmann

der sie Englisch von einem Haufen gleichaltriger Muttersprachler lernen können.

In Iluka, einem Nest an der Ostküste, knapp 300 Kilometer südlich von Brisbane, findet sich eine bezahlbare Ferienwohnung, eine Werft, in der Luise und Lars SPICAs Unterwasserschiff pflegen können und eine Grundschule, in der es nicht stört, wenn mal eben zwei kleine Weltumsegler die Reihen auffüllen. Till kommt in die zweite Klasse, Marlene in die Vorschulgruppe. Die Knirpse lieben ihre Schuluniform mit den knallroten Hüten. Begeistert tauschen sie Schwimmwestenpflicht gegen Hutpflicht in den Pausen – ein Schutz vor der aggressiven australischen Sonne. Mit Händen, Füßen und Mamas Hilfe bei den Hausaufgaben klappt es mit der Landschule, trotz Sprachbarriere.

Ehrensache

Hier, an der australischen Ostküste, findet die Familie Anschluss. Marlene und Till treffen zum ersten Mal seit den Kanaren deutsche Kinder. Luise überlegt, während der vorübergehenden Sesshaftigkeit als Ärztin zu arbeiten, doch die bürokratischen Hürden sind zu groß.

Mit dem Gedanken an das Ende der Segelpause allerdings kommen die Zweifel aus der Karibik zurück.

Das versprochene Wildschwein grunzt noch im Gedächtnis, es wirkt wie ein Magnet.

Luise erklärt: »Ich hatte insgesamt andere Erwartungen an die Weltumseglung, basierend auf dem, was Lars Mitte der Neunziger in Papua-Neuguinea erlebt hat.« Luise und Lars überlegen, die Vollendung der Reise abzusagen und stattdessen in Ruhe eine zweite Runde im Pazifik zu drehen. Und dann? Das Schiff in Australien zu verkaufen und über Südafrika nach Hause zu fliegen, ist eine Idee. Wenigstens den Kindern noch die Löwen zeigen. Wieder tagt der Familienrat, dessen zwei jüngste Mitglieder einen klaren Kurs vorgeben: weitersegeln. Das versprochene Wildschwein grunzt noch im Gedächtnis, es wirkt wie ein Magnet. Weltumsegler zu werden, ist für die Geschwister längst Ehrensache.

Vor den Lorbeeren warten allerdings noch der Indische Ozean, Südafrika, der Südatlantik, die Kapverden, die Azoren, die Nordsee. Schon das Ablegen in Iluka fühlt sich an wie der Beginn des Heimwegs.

Wie Krümel in der Keksdose

Von nun an geht auch Nesthäkchen Marlene in die Bordschule. Ihre Schulbefreiung war nach wenigen E-Mails mit der Grundschule geklärt: Der inzwischen pensionierte Schulleiter hatte seinem Nachfolger aufgetragen, Till Winkelmanns kleiner Schwester die gleiche Auszeit zu gewähren. Eine Auszeit, die Spuren hinterlässt: Die jungen Weltumsegler schmieden Zukunftspläne, die konkreter nicht sein könnten und ganz offensichtlich unter dem Stern des Erlebten stehen: Wenn sie groß sind und eigene Familien haben, wollen die Geschwister noch einmal zusammen um die Welt segeln. Auf einem Katamaran, jeder in seinem eigenen Rumpf.

Zurück auf der Nordhalbkugel, der Äquator liegt kaum achteraus, werden sie noch mal »durchgeschüttelt wie Krümel in einer leeren Keksdose«, erzählt Luise. Wind, Wasser, Welle – alles kommt mit derartiger Wucht von vorn, dass Lars zu einer Verschnaufpause auf den Kapverden abdreht. Dort laufen sie als Weltumsegler ein: Am 12. April 2011 quert die alte Yacht ihre eigene Kurslinie. Wildschwein, wir kommen!

Mit frischer Energie und vollen Tanks kreuzt SPICA zu den Azoren, wo Luises Eltern die Segelfamilie ein letztes Mal besuchen. Standen sie der Weltumsegelung zunächst sehr skeptisch gegenüber, flogen sie dem Nachwuchs schließlich häufig hinterher. Spätestens bei der gemeinsamen Wohnmobiltour durch

Neuseeland, als SPICA in Australien lag, wich das anfängliche Unverständnis echtem Stolz.

Kein Happy End für alle

Drei Jahre und sieben Tage nach ihrem Aufbruch laufen Winkelmanns in Stralsund ein. Es ist der Tag, den sie in Australien angekündigt haben. »Es war ein irres Gefühl«, erinnert sich Luise an das Ende einer Reise, die ohne Kinder vielleicht ganz anders verlaufen wäre. Das Happy End gilt nicht für alle – das alles entscheidende Anlegeschwein wird nun endlich gegrillt.

In finanzieller Hinsicht legen Luise und Lars eine Punktlandung hin: In der Bordkasse rascheln noch 6000 Euro, genug für ein Auto. Bei Luises Eltern finden die Heimkehrer eine vorübergehende Bleibe.

»Es war ein irres Gefühl«, erinnert sich Luise an das Ende einer Reise, die ohne Kinder vielleicht ganz anders verlaufen wäre.

Der noch bestehende Anspruch auf Arbeitslosengeld sowie der Verkauf ihrer SPICA spülen die Mittel für den Neuanfang aufs Konto. Die Weltumsegler entscheiden sich gegen die Wohnung in der Hauptstadt und für ein Haus im Grünen.

Es dauert nicht lange, bis Luise und Lars morgens wieder ins Büro und in die Praxis fahren. »Wir waren schnell wieder im Job und im Alltagstrott drin«, sagt Luise. »Neu war nur, dass auf einmal jeder ein Smartphone in der Hand hatte und eine neue Generation Autos auf den Straßen herumfuhr.«

Till kommt in die vierte Klasse, Marlene in die zweite – die Jahrgangsstufen, in denen sie auch ohne Weltreise wären. Die Umstellung auf den normalen Alltag trifft sie härter als die Eltern: Zum ersten Mal klingelt ein Wecker lange vor Unterrichtsbeginn, zum ersten Mal ist der Schulweg weiter als von der Koje zum Salontisch.

Luise und Lars Winkelmann blicken selbstkritisch auf ihre Weltumsegelung zurück. »Wir wussten, dass es keine Urlaubsreise wird. Aber es war anstrengender als gedacht.« Dennoch möchte vor allem Lars die Reise nicht missen. »Aber auf Dauer«, so der Segler, »sind wir einfach keine Vagabunden. Mir würden die guten alten Weißt-du-noch-Freunde fehlen.« Mit dem eigenen Boot ist auch die Segelei aus dem Leben der Familie verschwunden. »Aber eine Jolle«, sagt Lars mit einem Blick auf den See hinterm Haus, »das wäre wieder schön.«

Nachgehakt: Familie Winkelmanns ...

... Tipps für Weltumsegler
- Die Kinder vor der Reise Englisch lernen lassen.
- Gastlandflaggen aus weißem Stoff und Textilfarben selbst machen.
- Über den Verein Trans-Ocean Kontakt zu Langfahrtseglern aufnehmen, die gern Tipps weitergeben.
- Einen Bildband mit Menschen und Landschaft der Heimat mitnehmen, zum Zeigen im Ausland.

... wichtigste Bücher an Bord
- »Segelrouten der Welt« von Jimmy Cornell.
- »Seemannschaft«, »Besser Ankern«, »Yachtunfälle«.
- Ein Nachschlagewerk über die Tiere am und im Meer.

Das segelnde Klassenzimmer

… spontane Antworten

Nordsee oder Ostsee? Ostsee. Die Nordsee gehörte zu den anspruchsvollsten Revieren der ganzen Weltumseglung.

Atlantik oder Pazifik? Pazifik. Die Ziele sind attraktiver, die Fahrtenseglergemeinschaft ist größer. Aber der Südatlantik war auch toll.

Ankern oder Hafen? Hafen. Eine Marina wird mit Kindern schnell zum zweiten zu Hause. Dorthin haben wir uns auch deutsche Kinderbücher schicken lassen.

… Revier-Geheimtipps

Marokko, die Kokosinseln und die Koralleninsel Lady Musgrave in Australien. Aber egal wo auf der Welt, der dritte Tag auf See war immer am schönsten: Da ist das Wetter noch gut (denn man fährt ja meist nicht bei schlechter Wettervorhersage los), die Vorräte sind noch frisch, Kraft und gute Laune noch da. Fischerboote in Hafennähe und Seekrankheit hingegen hat man da schon hinter sich.

… Vorgehen in schwerem Wetter

Man kann auf der Barfußroute um die Welt segeln, ohne einmal in einen Sturm zu geraten. Wir hatten nie mehr als sieben Windstärken im Mittel. Im Sturm würden wir rechtzeitig das Sturmschott anbringen, reffen, uns anleinen und auf dem Kajütboden schlafen.

… Mittel gegen Seekrankheit

Wir hatten glücklicherweise nur am jeweils ersten Tag auf See Probleme mit der Seekrankheit. Viel wichtiger als Seekrankheitsmittel in der Reiseapotheke sind unserer Meinung nach aber auch Mittel gegen Moskitos und zum Desinfizieren. Gerade Kinder kratzen Wunden auf.

… wichtigstes Ersatzteil

Ein zweiter Computer, auf dem alle Navigationsprogramme als Backup installiert sind.

… seglerisches Vorbild

Lars' Vater, der mit seiner H-Jolle nie gekentert ist. Und Lars hat die Bücher von Rollo Gebhard verschlungen.

… hilfreiche Seiten im Internet

www.noonsite.com.

… Versicherungen auf Weltumseglung

Schiffshaftpflicht- und Auslandskrankenversicherung.

… Lieblingsgericht bei Sturm

Reis mit Baked Beans. Man muss nur Wasser mit Reis erhitzen, den Topf dann warm eingepackt in eine Koje stellen und später die Bohnen unterrühren.

… Lieblingsgericht bei Flaute

Joghurt selbst machen. Den gibt es weit und breit nicht.

… bewährte Passatbesegelung

Genua und Groß im Schmetterling.

… nützlichstes Kleidungsstück

Crocs, da hat man alles in einem, Schuhe und Badelatschen. Da wir auf der Barfußroute gesegelt sind, war neue Kleidung für die Kinder trotz Wachstum kein großes Thema. Kurze Hose bleibt kurze Hose.

… Reiseblog der Weltumsegelung

www.sy-spica.de

Zwölf Fragen an Familie Winkelmann

Warum wolltet ihr um die Welt segeln?
Um den Kindern die Welt zu zeigen, sie mit ihren Augen zu entdecken und viel Zeit mit ihnen zu verbringen. Eine Weltumsegelung ist eines der letzten großen Abenteuer.

Ohne was wärt ihr nie losgefahren?
Die Windsteueranlage.

Ein Ausrüstungsgegenstand, auf den ihr nicht mehr verzichten möchtet?
Eine gute WLAN-Antenne, um abends an Bord bei den Kindern zu sein und trotzdem im Internet zu recherchieren. Visitenkarten von Schiff und Crew haben sich auch bewährt.

Das Werkzeug, das ihr am häufigsten in der Hand hattet?
Kombizange und Schraubendreher.

Die Stärken und Schwächen eures Schiffes?
Wenn andere von Sturm erzählten, hatten wir gefühlt gerade mal starken Wind, da SPICA so ein gutmütiges Seeverhalten hat. Im geräumigen Salon konnten wir sogar Walzer tanzen. Keine direkte Schwäche, aber nicht so schön war, dass wir uns mit dem Unterwasserschiff manchmal in Fischernetzen verfangen haben.

Was bedeutet gute Seemannschaft für euch?
Nicht unter Zeitdruck segeln, neben Plan B auch Plan C parat haben, vor Anbruch der Dunkelheit reffen, um den Partner in seiner Freiwache möglichst nicht stören zu müssen.

Was war unterwegs Luxus?
Für Luise die warme Dusche nach der letzten Atlantiküberquerung. Für Lars ein Ankerplatz ohne Reparaturen am Schiff. Für die Kinder der Besuch der Großeltern, wenn es Schokocroissants und Hotelbetten gab. Für alle: Essen gehen.

Was hat euch gefehlt und was gar nicht?
Gefehlt haben eine gute Angelausrüstung, ein Wassermacher

(und der Platz dafür), ein besseres Dingi, eine Liste der Seefahrer-missionen und eine Sternenhimmel-App. Nicht gefehlt haben die ständigen schlechten Nachrichten aus aller Welt – das Wichtigste erreicht einen dennoch.

Habt ihr je überlegt aufzuhören?

Ja, mehrmals.

Hattet ihr mal Angst?

Sicher, zum Beispiel wenn ein Sturm übers Ankerfeld zog oder als der Computer in der Riffeinfahrt abgestürzt ist. Aber man lernt, dass es bei einer Weltumsegelung ist wie bei allem im Leben: Man geht einen Schritt nach dem anderen und dann kommt man rum.

Welche Eigenschaften sollte man als Weltumsegler haben?

Reich oder handwerklich geschickt sein. Am besten beides. Dazu Improvisationstalent, Geduld, Spaß am Problemelösen und kein übersteigertes Geltungsbewusstsein haben. Draußen auf dem Ozean ist niemand, dem man imponieren kann.

Was würdet ihr beim nächsten Mal anders machen?

Wir würden das Schiff in einem englischsprachigen Land, zum Beispiel Australien, ausrüsten und die Kinder in der Zeit vor der Reise Englisch lernen lassen. Es ist eine Illusion zu glauben, dass sie binnen weniger Wochen neue Sprachen lernen. Länger ist man auf einer dreijährigen Weltumsegelung aber kaum in einem Sprachraum. Man muss überlegen, ob das Grundschulalter der richtige Zeitpunkt ist. Die Kinder können nicht einfach zum Spielen aus der Haustür rausgehen oder langfristige Freundschaften aufbauen. Auf der anderen Seite haben die Kinder natürlich unzählige neue Eindrücke und Erlebnisse bekommen.

Familie Winkelmann

Die Segelyacht SPICA

Bootstyp, Baujahr	Zeehond 36, 1984
Konstrukteur	Van de Stadt
Rumpfmaterial	Stahl
Länge über Alles	11 m
Breite	3,55 m
Gewicht	12 t
Tiefgang, Kielform	1,95 m, Kurzkiel
Rigg	Slup, toppgetakelt
Segelgarderobe	Groß, Genua I, Genua II, Rollfock, Sturmfock
Ruderanlage	Radsteuerung, vorbalanciertes freistehendes Ruderblatt, Autopilot, Windsteueranlage
Maschine	Volvo Penta, 45 PS, 2 x 125-Liter-Diesel-tank
Stromversorgung	2 Solarpaneele à 85 W, Windgenerator, 2 Verbraucherbatterien mit 225 Ah
Wasserversorgung	2 Wassertanks à 200 Liter, Wasser-macher (Handbetrieb)
Kommunikation	UKW-Seefunk, UKW-Handfunkgerät, Kurzwellen-Seefunk mit Pactor-Modem
Navigation	AIS-Empfänger, GPS, Kartenplotter, Radar, aktiver Radarreflektor, Sextant
Ankergeschirr	20-kg-Spade-Anker, 16-kg-Bügelanker, 35 + 25 Meter 10-mm-Kette, elektrische Ankerwinsch mit 1000 W
Beiboot	3,25-m-Bananaboot mit Segeleinrich-tung, 5-PS-Außenbordmotor
Sonstiges	Dieselheizung, Mittelcockpit

Wolfgang Weber mit SY GALATEIA, *August 1998 bis September 2004 und April 2005 bis September 2011, jeweils Portoroz–Portoroz, etwa 120.000 Seemeilen, 4599 Tage*

12 Dienstreise um die Welt

Doppelt hält besser: Wolfgang Weber und seine zwei Weltumsegelungen mit Gästen

Claudia starrt auf das Wolkenungetüm, das sich der kleinen Segelyacht nähert wie ein Habicht seiner Beute. Ihre Augen huschen über den dunklen Himmel, die Gedanken kreisen um den Satz, den Skipper Wolfgang ihr und Mitsegler Christian noch zurief, ehe er sich für eine Mütze Schlaf zurückzog: »Wenn unter der Wolke Sterne am Himmel auftauchen, könnt ihr mich schlafen lassen. Reicht der Wolkenvorhang bis zum Horizont, wird's heftig. Dann weckt mich.« Claudia sucht, kneift die Augen zusammen. Nichts. Sie beschließt, den Skipper zu wecken.

Claudia und Christian sind zwei von rund 350 Gästen, mit denen Wolfgang Weber um die Welt gesegelt ist. Zwei Mal, zwölf Jahre lang. Mit Kinderkrankenschwestern, Hubschrauberkonstrukteuren und Psychologieprofessoren reiste der Charterskipper entlang der Barfußroute. 76 Länder, 120.000 Seemeilen, ungezählte Eindrücke. Dabei wollte er nie um die Welt segeln.

Wie so viele Vollblutsegler beginnt Wolfgang bereits als Kind mit dem Segeln. In Familienurlauben auf der Adria erlangt der

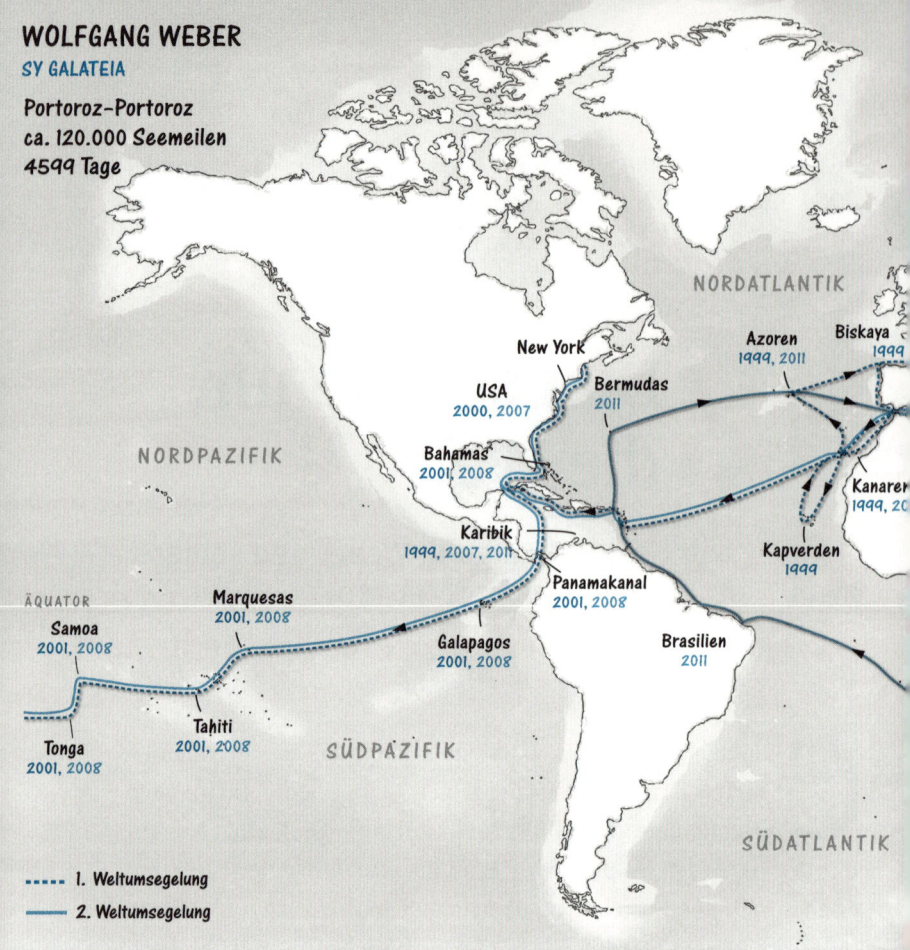

WOLFGANG WEBER

SY GALATEIA

Portoroz–Portoroz
ca. 120.000 Seemeilen
4599 Tage

NORDATLANTIK

New York

Azoren
1999, 2011

Biskaya
1999

USA
2000, 2007

Bermudas
2011

NORDPAZIFIK

Bahamas
2001, 2008

Kanaren
1999, 20

Karibik
1999, 2007, 2011

Kapverden
1999

Panamakanal
2001, 2008

ÄQUATOR

Marquesas
2001, 2008

Samoa
2001, 2008

Galapagos
2001, 2008

Brasilien
2011

Tahiti
2001, 2008

SÜDPAZIFIK

Tonga
2001, 2008

SÜDATLANTIK

----- 1. Weltumsegelung

——— 2. Weltumsegelung

Junge eine Revierkenntnis, die für seine Karriere entscheidend sein wird. Schon als Schüler fängt er an, in den Sommerferien als Charterskipper zu arbeiten. »Mit 18 kann man alles«, schmunzelt er heute. An Langfahrt denkt niemand zu dem Zeitpunkt, Wolfgang am wenigsten.

Aus geplanten sechs bis acht Wochen in den ersten Semesterferien werden 16 Wochen im ersten Jahr, 32 im zweiten, »und seit der Saison 1991 bin ich nie wieder weniger als 40 Wochen im Jahr gesegelt«. Das Angebot einer ganzjährigen Beschäftigung

als Schiffsführer lässt die Gedanken an das Studium bald vollends verschwinden. Von nun an segelt Wolfgang in der Karibik, auf dem Atlantik und manchmal noch im Mittelmeer.

Wenn weg, dann ganz weg

Als Wolfgang 28 ist, kauft er Freunden ihre Segelyacht ab, die diese an der Adria an Urlaubsgäste vermieten, und führt das Geschäftsmodell fort.

Doch der Charterbetrieb mit ständig wechselnden Crews zehrt

an der Substanz seiner neuen GALATEIA. Nach zwei Jahren ist klar: »Ein Bootsführer muss auf das Schiff, sonst überlebt es das nicht lange«, resümiert Wolfgang. Als Skipper samt Boot hätte er seinem eigenen Arbeitgeber allerdings Konkurrenz in der Region gemacht. Der nicht nur sprichwörtliche Aufbruch zu neuen Ufern scheint die einzige Lösung. »So war ich plötzlich auf Weltumsegelung. Denn wenn weg, dann ganz weg.« Wolfgangs Eltern quittieren die Idee mit Hurra-Rufen – »Im Gegensatz zu mir hatten sie den Traum einer Weltumsegelung nämlich schon

> »Ein Bootsführer muss auf das Schiff, sonst überlebt es das nicht lange.«

lange.« Bis zur Abschiedsparty vergeht ein knappes Jahr, in dem Familie und Freunde GALATEIA ein gründliches Refit verpassen: Ein neuer Motor, neue Elektrik, ein Grenzwellenfunkgerät und ein rundherum dreh- und kippbares Solarpaneel machen sie zu einer gut ausgerüsteten Langfahrtyacht.

Der segelnde Jungunternehmer integriert ein »Probejahr« im Ostatlantik in den Törnplan, den er entlang von Zielen mit geeigneten Flughäfen legt. Das wichtigste Utensil dabei: ein einfacher Weltatlas. Wolfgang plant eine Reise mit Gästen, die nach dem Testschlag in eine dreijährige Weltumsegelung entlang der Barfußroute übergehen soll.

Hunderte Stammkunden aus einem Jahrzehnt als Segellehrer und Charterskipper lassen Wolfgang hoffen, dass GALATEIAS Kojen nicht leer bleiben: »Ob jemand in der Südsee buchen würde, wusste ich aber nicht. Ein Finanzpolster hatte ich nicht.« Genauso wenig hat er eine Wohnung, die aufgelöst werden muss, oder ein Auto, das verkauft werden soll. Das Finanzamt tut seine Gewerbeanmeldung als Liebhaberei ab, der Erstwohnsitz bleibt bei seinen Eltern. Die Frage nach der Postnachsendung stellt sich nicht, denn mit seinen Gästen kommen und gehen Briefe, Päckchen und Ersatzteile von und nach Deutschland.

Wolfgang ist 31 Jahre alt – ein Küken unter Weltumseglern –, als er sich an einem Sonntagmittag umdreht und den am Steg in Portoroz Versammelten zum Abschied zuwinkt. Sein letzter Handgriff ist der sanfte Rauswurf seines Vaters, der noch Kopf voraus in der Achterkabine steckt und letzte Verbesserungen ertüftelt.

»Ob jemand in der Südsee buchen würde, wusste ich nicht. Ein Finanzpolster hatte ich nicht.«

Wolfgang hat Deutschlands höchsten Segelschein und spricht mit Englisch und Französisch die wichtigsten Sprachen entlang der Barfußroute. »Aber ich wusste überhaupt nicht, wo Tonga, Fidschi und Samoa im Verhältnis zueinander liegen. Dann abzulegen und mit dem eigenen Schiff auf Weltreise zu gehen, das war schon toll.«

Während des Probejahres zwischen Kanaren und Biskaya attestiert Wolfgang Schiff und Konzept ihre Tauglichkeit für die Weltumsegelung und lässt Europa achteraus. Doch nach den ersten zwölf Monaten im Rund-um-die-Uhr-Skipperjob spürt er, dass eine Blauwasserreise nicht nur an die Substanz seines Schiffes geht, sondern auch an seine eigene: Zwischen den meist 14-tägigen Reisen hat er keine Pausen eingeplant und fühlt sich ausgelaugt. Totale Erschöpfung – dabei soll es ja nun erst richtig losgehen. So ändert er den Törnplan für die kommenden Jahre: jeweils vier bis sechs Wochen mit Gästen segeln, dann eine Woche Zeit für sich und die Arbeiten am Schiff.

Mach einen Plan – und wirf ihn über Bord

Der straffe Fahrplan erweist sich aber auch als Schutz gegen eine der größten Gefahren einer Weltumsegelung: das »Hängenbleiben«. »Man findet tausend gute Gründe, um noch an einem Ort zu bleiben: weil es so schön ist, weil es noch eine Party gibt, weil das Ersatzteil aus Deutschland immer noch nicht da ist«, erklärt

Wolfgang. »Und wenn man hängenbleibt, dann mindestens eine Wirbelsturmsaison lang.« Und dennoch trifft es auch ihn, den organisierten Weltumsegler: In der Karibik angekommen, kann er der US-Ostküste nicht widerstehen und schmeißt den Zeitplan über Bord. GALATEIA befährt den malerischen Intracoastal Waterway, liegt vor dem World Trade Center in New York und fünf Minuten vom Weißen Haus entfernt in Washington D.C. Die Kunden begrüßen die Planänderung und buchen.

Auch wenn Wolfgang längst voll in die Fahrtenseglergemeinschaft integriert ist, lernt er viele Rituale und Eigenheiten erst bei der Ankunft im Pazifik kennen. »In einer neuen Ankerbucht pustet man zuallererst das Beiboot auf, paddelt zum Nachbarn und sagt Hallo. Intensive Freundschaftsbeziehungen auf Zeit zu führen, die man jederzeit wieder aufnehmen kann«, ist nach Wolfgangs Erfahrung eine »Extrafähigkeit, die glückliche und erfolgreiche Fahrtensegler haben«. Denn die gemeinsamen Momente sind gezählt, wer weiß schon, wann die neuen Freunde den Anker wieder aufholen, um in die nächste Bucht zu segeln oder den nächsten Ozean zu überqueren.

Der Anker fällt oft nur für eine Nacht in derselben Bucht, am nächsten Morgen müssen sie weiter.

Auf Langstrecken, wie der anstehenden Pazifiküberquerung, bewährt sich auf GALATEIA ein Wachsystem mit »einer Stunde Nachsitzen«: Ab einer Crewstärke von drei Personen geht jeder drei Stunden Wache. In der letzten Stunde kommt die Ablösung dazu, man übergibt, redet miteinander, hält sich wach. So bleibt am Ende eine einsame Stunde im Cockpit. Stunden, die Skipper und Crew besonders in sternenklaren Nächten genießen. Ist nur ein Mitsegler an Bord, gilt bei langen Distanzen ein »faires Wachsystem«: Einer beginnt und weckt den anderen erst dann, wenn er selbst abgelöst werden will – und schlafen muss.

In Neuseeland, inzwischen im vierten Jahr der Weltumsegelung, erfährt der Zeitplan eine weitere Änderung: Bei aller Professionalität packt auch Wolfgang das Reisefieber, er will noch mal zu den Südseeinseln. »Da gab es einfach viel mehr zu entdecken, als ich dachte, da musste ich auf jeden Fall noch Kringel fahren.« Eben diese »Kringel«, meist zweiwöchige Vor-Ort-Törns an den Traumdestinationen deutscher Reisender, unterscheiden seine Weltreise von der anderer Langfahrtsegler: Für Verschnaufpausen hat Wolfgang keine Zeit. Der Anker fällt oft nur für eine Nacht in derselben Bucht, am nächsten Morgen müssen sie weiter, zur nächsten Insel mit Flughafen. Zu neuen Gästen, die segeln wollen. Die Weltumseglerszene verleiht Wolfgang den Spitznamen »Flughafenzubringer«. GALATEIA schrubbt Segelmeilen, als ginge es um den Weltrekord.

Als Kolumbus auf sein Tablet blickte

Im fünften Jahr der Weltumsegelung segelt GALATEIA die australische Ostküste hinauf. Hier, inmitten des Great Barrier Reef, fehlt Wolfgang zum ersten Mal eine Seekarte mit einem Teil seiner Route. Nur ein Auschnitt von 30 Meilen, aber dennoch. Als wäre Murphy mit seinem Gesetz unter dem Arm blinder Passagier, stürzt außerdem der Computer mit den elektronischen Karten ab. Eine kitzelige Situation, aber das Wetter ist herrlich und der Computer schnell wieder einsatzbereit. Alles geht gut.

Im Regelfall tauscht Wolfgang Seekarten mit anderen Seglern, um immer das aktuelle Revier auf dem Navigationstisch liegen zu haben. Alle zwei Stunden trägt seine Crew dort GALATEIAS GPS-Koordinaten ein. Wer allerdings auf langen Schlägen das Kreuzchen auf dem Übersegler machen will, muss die Position mit dem Sextanten ermitteln – Wolfgangs Art, die Ausbildung traditioneller Navigation in die Reisen zu integrieren. Dennoch ist seine Einstellung zu den Vorzügen moderner elektronischer Navigation

Wolfgang erzählt von Seglern, die kartenspielend auf die Felsen neben der Hafeneinfahrt fuhren.

pragmatisch: »Für die Anschaffungskosten eines Sextanten mit den entsprechenden Tafeln kannst du dir GPS-Handys mit Akkus bis ans Lebensende in eine Bleibox an Bord legen«, sagt der Segler. »Ich stelle mir Kolumbus vor, der auf einem Tablet sieht, wie sich sein Schiff in Echtzeit auf einer elektronischen Seekarte bewegt. Wie er in die Kajüte geht, seinen Sextanten und seine Bücher nimmt und sie mit einem Freudenschrei in großem Bogen außenbords schmeißt. Denn wenn du Astronavigation wirklich brauchst, ist das ein hartes Brot.«

Im Gegensatz zu seinem imaginären Vorgänger würde GALATEIAS Skipper nie auf nautische Literatur verzichten, schon gar nicht in Küstennähe. Denn: »Schiffe gehen an Land kaputt, nicht auf See. Und durch falschen Umgang mit der zunehmenden Technik an Bord.« Wolfgang erzählt von Seglern, die kartenspielend auf die Felsen neben der Hafeneinfahrt fuhren, während sie unter Deck »noch eben schnell den Stich zu Ende spielen wollten«. Die elektronische Seekarte zeigte noch eine halbe Meile bis zur Ankunft.

Auch Wolfgang kann das Ufer in kritischen Situationen meist sehen: Er erlebt einen Wintersturm auf Teneriffa, der die Stromversorgung der Insel zusammenbrechen lässt. Autos und Steine stürzen auf die im Hafen liegenden Yachten. Wolfgangs Crew sitzt mit gezückten Messern unter Deck, bereit, die Leinen zu kappen. Ihr Notfallplan sieht vor, im Hafenbecken Kreise zu fahren und den sinkenden, blinkenden Autos auszuweichen, bis sich die Lage beruhigt hat. Doch bis auf eine verbogene Klampe passiert nichts – unvorstellbares Glück. Nur wenige Zentimeter vom Totalverlust seines Schiffes entfernt, findet sich Wolfgang auch am Ankerplatz in Ägypten wieder.

Die Ankerboje löst sich, und seine Yacht treibt ungehindert auf einen scharfkantigen Riffkopf zu. Ein Notruf und Schlepphilfe der ägyptischen Marine sind die Rettung. »Wäre der Wasserstand gefallen

Er versteht sich als Segeldienstleister, Reiseführer, Kapitän und Kreuzfahrtdirektor in Personalunion.

oder hätte der Wind um nur eine Windstärke zugelegt, gäbe es mein Schiff heute nicht mehr«, sagt Wolfgang.

Ernsthaft überlegt, seinen Beruf aufzugeben, hat er angesichts dieser Situationen aber nie. »Egal wie vorsichtig man ist, wenn man so lange segelt, kommt man einfach irgendwann in Situationen, in denen Sachen in die Hose gehen.« Riffköpfe und Winterstürme sind dabei nicht die einzigen Herausforderungen für einen Charterskipper auf Weltreise. Minimale Privatsphäre, maximale Disziplin und gute Menschenkenntnis gehören ebenso dazu wie die Fähigkeit, sein Schiff allein segeln zu können. Wolfgang versteht sich als Segeldienstleister, Reiseführer, Kapitän und Kreuzfahrtdirektor in Personalunion. Doch auch wenn eine schmucke Uniform dem Barfußsegler gut stehen würde, wäre wohl kaum Platz dafür: An Bord lebt er nach dem Prinzip »One in, one out« – für jeden neuen Gegenstand muss ein bereits vorhandener weichen. Trotz alledem beneiden Segler wie Nichtsegler Wolfgang um seinen Beruf – ein Hobby ist das Segeln für ihn längst nicht mehr.

Den Kontakt zur Heimat verliert Wolfgang durch den steten Besuch aus Deutschland nicht, darunter nicht selten seine Eltern, die die Weltenbummelei des Sohnes genießen. Vater Dieter ist beispielsweise mit an Bord, als Wolfgang im sechsten Jahr der Reise durchs Rote Meer zurück Richtung Mittelmeer segelt. Um die Piratenüberfälle in der Region machen sie sich nicht allzu viele Gedanken: »Wir hatten Kreditkarten und kleine Kameras bereitgelegt und die übrigen Wertsachen in die Deckenverkleidung geschraubt.« Potenzielle Angreifer sehen sie nur von Weitem.

»Das machen wir gleich noch mal«

Nach über sechs Jahren kreuzt die kleine Segelyacht zwischen Griechenland und Italien ihr eigenes Kielwasser. Wolfgang ist Weltumsegler. Die am Steg versammelten Freunde, Familienmitglieder und Mitsegler rühren ihn, aber er findet Fassung und Schlagfertigkeit schnell wieder. Sein erster Satz: »Das machen wir gleich noch mal!«, sorgt für lautes Lachen.

Und warum auch nicht? Seine Kosten konnte er durch das Geschäftsmodell Weltumsegelung decken, das Schiff in Schuss halten. Durch die Wartungsarbeiten, die er unterwegs durchführte, erzählt GALATEIA dem eingeweihten Betrachter stumm ihre eigene Version der Weltreise: Die Polster stammen aus Singapur, die Baumpersenning kommt aus Thailand, die Rumpflackierung aus Neuseeland. Der Fußboden von den Kanaren, das Dingi aus den USA, die Kochtöpfe von den Fidschi-Inseln.

Aus dem lockeren Spruch am Anleger wird ernst: Der inzwischen 38-Jährige ahnt, dass GALATEIAS Kojen auch bei einer zweiten Runde nicht leer bleiben würden. »Ich wollte vieles noch verbessern, aber es war auch ein Stück Faulheit, etwas anderes zu machen«, lacht Wolfgang. Die Gib Sea wird generalüberholt, ihr Skipper schreibt einen neuen Törnplan, diesmal gleich für sechs Jahre. Wieder barfuß, wieder westwärts.

Aha und oho

War die erste Weltumseglung eine gelungene Generalprobe, ist die zweite schon eine Vorstellung mit stehenden Ovationen: Die Gäste kommen wieder und bringen Kinder oder Freunde mit. Neben Reparaturarbeiten fürs Schiff ist nun auch eine Rentenversicherung für den Skipper im Budget enthalten. Zwar hat sich das Lampenfieber ein wenig gelegt, doch von Abnutzungseffekten oder gar Langeweile ist der Passatprofi weit entfernt. Zum einen wegen der stets wechselnden Crews, zum anderen weil er gelegentlich auch als Einhandsegler gefordert ist. Solo

War die erste Weltumsegelung eine gelungene Generalprobe, ist die zweite schon eine Vorstellung mit stehenden Ovationen.

legt Wolfgang zum Beispiel die Strecke von den Malediven zu den Seychellen zurück. »Von Paradies A ins Paradies B, nur war es nicht gebucht«, sagt Wolfgang. »Ein klassischer Einhandsegler wollte ich nie sein und habe noch nicht mal großes Verständnis dafür.« Die Aha-Erlebnisse des Solosegelns, in tropischen Nächten allein unter einem Sternenhimmel draußen auf dem Meer zu sein, »wenn man merkt, dass alles läuft«, genießt er dennoch. Zumal seine Verantwortung mit jedem Händepaar an Bord wächst. »Ich würde nicht mit Gästen segeln, wenn ich es nicht auch allein könnte.«

Ein unvergessenes Beispiel dafür, dass Wolfgangs Weltumsegelungen auch Oho-Erlebnisse mit sich bringen, ist eine Furcht einflößende Kreuzsee in der Tasmansee: Sie drückt GALATEIAS Mast mitten in der Nacht aufs Wasser. Knock-down, Game over.

Er zelebriert den Moment allein unter Deck, knüpft 76 Gastlandflaggen aneinander und genießt.

»In dem Moment habe ich gelernt, dass an dem Spruch ›Das zieht einem die Schuhe aus‹ etwas dran ist«, erinnert sich der Berufsweltumsegler. Während er angeleint am Heckkorb hängt, denkt er: »Meine Gummistiefel kriegt ihr nicht.«

Es ist dieses Augenzwinkern, das Wolfgangs Weltreisen den Anschein verleiht, als wäre nichts schöner und einfacher, als zweimal auf einem elfeinhalb Meter langen Kunststoffboot um den Globus zu segeln. Kein Wunder, dass sowohl seine Gäste wie auch Zuhörer seiner Geschichten hoffen, ja fast schon erwarten, dass er die Leinen ein drittes Mal loswerfen wird. Doch als GALATEIA im Herbst 2011 wieder ihr eigenes Kielwasser kreuzt, steht für den Skipper fest, dass er zweifacher Weltumsegler bleiben wird. Er zelebriert den Moment allein unter Deck, knüpft 76 Gastlandflaggen aneinander und genießt.

Souvenirs aus 4599 Tagen

Wolfgang hat in einem Dutzend Jahren auf See unzählige Souvenirs gesammelt: Der in eine Brettwurzel geschnitzte Witz aus Papua-Neuguinea oder Aquarelle auf Bananenpapyrus erzählen heute Geschichten von den Wänden seiner Wohnung in einem ruhigen Bremer Vorort.

Die schönsten Andenken bewahrt Wolfgang jedoch im Gedächtnis: »Es waren stets Begegnungen mit Menschen. Darunter vermeintliche Banalitäten wie ein Volleyballturnier auf einer Malediveninsel, freundschaftliche Fachsimpelei mit Wirten in Australien, eine Gartenparty in Vanuatu oder ein pazifisches Erntedankfest mit lebensgefährlichen Traditionen«, sagt er und fügt etwas hinzu, das den Herausgebern von Reiseprospekten zu denken geben sollte: »Schöne Landschaften standen immer an zweiter Stelle, denn nach zwei Tagen kann auch ein Südseestrand richtig öde sein.«

Gezählt hat Wolfgang Weber die Menschen, die ihm ihre Lebensgeschichte erzählt haben, nicht. »Aber sie haben meine Weltumsegelungen ausgemacht.«

Sein Ratschlag an alle Segler mit dem Wunsch, auch einmal einen Zeitplan über Bord zu werfen, ist eindeutig: »Wer die Möglichkeit hat, so eine Reise zu machen, der sollte sie sofort machen. Nicht übereilt, nein. Aber wer leidenschaftlich und gut segelt, Erfahrung hat und ein geeignetes Schiff findet, dem würde ich immer raten: Mach es.«

Nachgehakt: Wolfgang Webers ...

... Tipps für Weltumsegler

- Keep it simple – haltet alles so einfach wie möglich, das Schiff und beim ersten Mal auch die Route.
- Habt nicht so viele Bedenken. Wäsche waschen, Brot backen, Post verschicken – das alles funktioniert fast überall wunderbar. Man muss nur hinfahren und mitmachen.
- Testet euer Schiff mindestens ein Jahr mit Rückfahrticket auf Herz und Nieren. Im ersten Jahr geht das meiste kaputt.

... wichtigste Bücher an Bord

- »Segelrouten der Welt« von Jimmy Cornell.
- Ein klassischer Gedichtband.
- Das aktuelle Hafenhandbuch.
- Ein Buch zum Tauschen.

... spontane Antworten

Nordsee oder Ostsee? Mittelmeer.

Atlantik oder Pazifik? Pazifik. Er ist nicht nur geografisch weit weg. Die kulturelle Distanz ist faszinierend.

Ankern oder Hafen? Ankern. Man geht doch nicht auf Weltumsegelung, um im Hafen zu liegen!

... Revier-Geheimtipps

Die türkische Nordküste und das Marmarameer, Melanesien im Pazifik.

... Vorgehen in schwerem Wetter

Segeln, also das Schiff am Laufen halten. Generell würde ich erst mal tief durchatmen und nichts Übereiltes tun. Es ist selten, dass man beim Segeln etwas sehr, sehr schnell machen muss.

... Mittel gegen Seekrankheit

Ich bin quasi immun, aber ein Allheilmittel habe ich noch nicht entdeckt. Beim ersten blassen Schimmer um die Nase von Mitseglern greife ich zu Klassikern wie Ablenkung, Schlafen oder einer Cinnarizin-Tablette.

... wichtigstes Ersatzteil

Ein zweiter Autopilot, gerade fürs Einhandsegeln.

... seglerisches Vorbild

Das habe ich nicht. Aber ich bewundere Jimmy Cornell für die Organisation des gemeinschaftlichen Langfahrtsegelns. Er hat mit der Atlantic Rally for Cruisers eine Seglercommunity aufgebaut.

... hilfreiche Seiten im Internet

www.noonsite.com, www.trans-ocean.org.

... Versicherungen auf Weltumsegelung

- Schiffshaftpflicht, die wird manchmal in der Marina verlangt
- Krankenversicherung, die wird manchmal beim Einklarieren verlangt
- Kaskoversicherung für die Yacht.

... Lieblingsgericht bei Sturm

Risotto. Schmeckt, lässt sich in nur einem Topf zubereiten und fliegt auch bei sieben Beaufort nicht von der Gabel.

... Lieblingsgericht bei Flaute

Spanische Kartoffeltortilla. Ein klassisches Muss-weg-Gericht, das immer und jedem schmeckt.

... bewährte Passatbesegelung

Je nach Bedingungen Rollgenua am Vorstag und Fock II am Sekundärstag oder Gennaker und Fock I.

... nützlichstes Kleidungsstück

Gutes Ölzeug, auch auf der Barfußroute. Mein Südwester aus dem Fischereibedarf ist Gold wert.

... Reiseblog der Weltumsegelungen

www.wolfgang-segelt.de

Zwölf Fragen an Wolfgang Weber

Warum wolltest du um die Welt segeln?

Wollte ich ja gar nicht. Ich hatte diesen Traum nie, der ist erst unterwegs gekommen. Das war vielleicht auch das Schöne. Aber diesen Tag oder Moment, in dem ich bewusst die Entscheidung gefällt habe, hat es nie gegeben.

Ohne was wärst du nie losgefahren?

Auch wenn es sich banal anhört: ein Schiff, bei dem die Basics stimmen. Intakter Rumpf, vernünftiges Ruder, nicht leckender Kiel, gute Segel und ein Rigg, das nicht rappelt. Ich würde immer darauf achten, dass ich allein damit das Schiff noch bewegen kann und mich nie auf vermeintlich narrensichere Technik verlassen. Mit GALATEIA bin ich sehr glücklich, weil sie pflegeleicht ist, einfach gebaut und verhältnismäßig wenig Technik hat.

Ein Ausrüstungsgegenstand, auf den du nicht mehr verzichten möchtest?

Ein großer Topf für Hummer, in dem man auch Stockflecken auskochen kann. Unverzichtbar ist die elektrische Ankerwinsch. Praktisch ist auch ein aufblasbarer Globus für den Unterricht in Schulklassen.

Das Werkzeug, das du am häufigsten in der Hand hattest?

Ein Leatherman, ein Schraubendreher mit austauschbaren Bits.

Die Stärken und Schwächen deines Schiffes?

Es ist ein stabiles, in den Achtzigern gebautes Schiff, das sich bei Leichtwind, aber auch bei Sturm bewährt hat. Schön wären längere Kabinen, aber vielleicht bin ich auch einfach zu groß. Ein Kollisionsschott wäre gut, aber dafür ist GALATEIA zu kurz.

Was bedeutet gute Seemannschaft für dich?

Alles, was dazu führt, dass ein Törn für sich und andere sicherer wird. Somit eben auch Hilfeleistung in brenzligen Situationen.

Was war unterwegs Luxus?

Wir hatten den weltgrößten Swimmingpool um uns herum, normalerweise Bombenwetter, segelten auf der schönsten Aussichtsplattform. Wie viel Luxus willst du denn haben? Aber als Charterskipper waren Privatsphäre und Zeit für mich ein rares Gut und somit Luxus.

Was hat dir gefehlt und was gar nicht?

Ich bin großer Europa-Fan, unterwegs habe ich manchmal ein wenig europäische Kultur vermisst. Die schönste Südseeinsel mit weißem Sand und Palmen hilft nicht, wenn man gern mal ins Theater oder in ein schönes Konzert gehen würde.

Hast du je überlegt aufzuhören?

Nein, ich glaube nicht. Es war nicht jeden Tag ein Traumjob, aber ich war nie unzufrieden. Und wenn es mal Katastrophentage gab, an denen alles gleichzeitig kaputtging, musste ich mir nur vorstellen, jetzt irgendwo in einem Büro zu sitzen.

Hattest du mal Angst?

Ja, ich hasse Gewitter auf See. Generell habe ich immer eine Portion Angst, wenn die Wettervorhersage schlecht ist. Keine panische Angst, aber eine ordentliche Portion Respekt. In der Situation selbst hat man dann gar keine Zeit mehr dazu.

Welche Eigenschaften sollte man als Weltumsegler haben?

Wenn man Berufsweltumsegler ist, sollte man ein Menschenfreund sein und auf keinen Fall cholerisch. Dazu sollte man Langmut und Geduld haben, die an Lethargie grenzen [schmunzelt]. Und man muss ein guter Organisator sein, da man nicht einfach mal zwei Tage schrauben und dafür zwei Tage weniger segeln kann, denn es sind ja zahlende Gäste an Bord. Die Kür ist, ihnen das Gefühl zu geben, dass sie das Schiff allein segeln und dabei gleichzeitig eine unauffällige Kontrolle auszuüben.

Was würdest du beim nächsten Mal anders machen?

Ich habe ja bei der zweiten Weltumsegelung meine persönlichen »Fehler« der ersten Weltreise wiedergutgemacht: bin länger im Norden der US-Ostküste geblieben, habe auf Australien verzichtet, bin mehr in Melanesien gesegelt. Außerdem bin ich um das Kap der Guten Hoffnung gefahren und habe einen Abstecher nach Brasilien gemacht.

Wolfgang Weber

Die Segelyacht GALATEIA

Bootstyp, Baujahr	Gib Sea 114, 1982
Werft	Gibert Marine in Frankreich
Rumpfmaterial	GFK
Länge über Alles	11,40 m
Breite	3,80 m
Gewicht	8 t
Tiefgang, Kielform	1,95 m, Flossenkiel aus Stahl
Rigg	Slup, Alumast, zwei Vorstage
Segelgarderobe	Rollgenua, Fock I, Fock II, Sturmfock, Groß, Reservegroß, Gennaker
Ruderanlage	Radsteuerung, angehängtes Spatenruder mit halbem Skeg, Autopilot
Maschine	VW, 50 PS, 200-Liter-Dieseltank
Stromversorgung	1 Solarpaneel à 120 W, Wellengenerator mit 100 W, 2 Verbraucherbatterien à 100 Ah
Wasserversorgung	2 Wassertanks für 190 Liter, zusätzlich Flaschen
Kommunikation	Grenz- und Kurzwellenfunkgerät, Pactor-Modem (Provider: Sailmail), Iridium-Satellitentelefon
Navigation	Kartenplotter, AIS (Sender/Empfänger), Radar, Sextant, Papierseekarten
Ankergeschirr	22-kg-Pflugscharanker mit 80 Metern 8-mm-Kette, 18-kg-Danforth-Anker mit 40 Metern Kette, 18-kg-Klappstockanker
Beiboot	2,70-m-Schlauchboot aus Hypalon mit 3-PS-Außenbordmotor
Sonstiges	Badeplattform nachgerüstet

Kleines nautisches Glossar

Achterdeck: Der hintere Decksbereich

Achterstag: Draht, der den Mast am →Heck absichert

Agulhasstrom: Starke südwestsetzende Strömung östlich von Südafrika

AIS: Automatic Identification System. Nautisches Funk-Sicherheitssystem für das Senden und Empfangen von Schiffsverkehrsdaten

America's Cup: Der wohl begehrteste und älteste Wandersegelpreis der Welt und Name der internationalen Segelregatta

America's Cupper: Yachten, auf denen beim →America's Cup gesegelt wurde

ARC, World ARC: Atlantic Rally for Cruisers. Eine Flottille aus jährlich gemeinsam über den Atlantik segelnden Yachten. Die World ARC führt im Anschluss weiter um die Welt.

Backbord: In Fahrtrichtung die linke Seite eines Schiffes

Backskiste: Stauraum unter den Sitzbänken in der →Plicht

Barfußroute, Passatroute: Weltumsegelung von Ost nach West entlang des Passatwindgürtels. Ursprünglich führte sie durch den Suezkanal, seit der Zunahme der Piraterie in dieser Region vermehrt um Südafrika. Auf der Route ist es überwiegend so warm, dass die Segler auf Kleidung und Schuhe verzichten könnten.

Beaufort: Die Beaufortskala unterteilt die Windgeschwindigkeit in zwölf Stärken, von null Beaufort (Windstille) bis zwölf Beaufort (Orkan).

Beidrehen/beiliegen: Segel und Ruder so stellen, dass das Boot ruhig in der See liegt und kaum Fahrt macht. Taktik, um einen Sturm abzuwettern

Besanmast, Besanrigg: →Rigg mit einem Großmast und einem dahinter stehenden kleineren Mast, dem Besanmast

Bilge: Tiefste Stelle im Bootsrumpf unter den Bodenbrettern, wo sich eindringendes oder Kondenswasser sammelt

Block: Ausrüstungsgegenstand mit einer oder mehreren Rollen zum Führen von Tauwerk

Brigantine: Großsegler mit zwei Masten

Brötchentütennavigation: Nicht ganz ernst zu nehmende Navigationsmethode aus der Zeit bevor Satelliten die Ortsbestimmung übernahmen: Beim Landgang in unbekannten Gefilden schaut der Segler, welcher Ort auf der Brötchentüte beim Bäcker steht. Schon weiß er, wo er ist.

Bug: Vorderes Ende eines Schiffes

Butter, schmelzende: Ein Sprichwort der Atlantiküberquerer besagt, dass man von Europa aus so lange nach Süden segelt, bis die Butter schmilzt. Wer dann Kurs West anlegt, kommt in der Karibik an.

Cockpit: →Plicht

Cruising Permit: Erlaubnis, die in manchen Revieren erforderlich ist, um diese mit der Segelyacht zu bereisen

Dinette: Sitzraum in der Kajüte mit einem querschiffs stehenden Tisch in der Mitte und zwei gegenüberliegenden Bänken

Dingi: Kleines Beiboot

Doghouse: Feste Überdachung des vorderen Teils der →Plicht

Echolot: Gerät, das die Wassertiefe durch elektroakustische Messung ermittelt und anzeigt

Einhandsegler: Jemand, der ein Boot allein segelt

Einklarieren: Erledigen der Formalitäten beim Ankommen in einem Hafen

Fock: Vorderes Segel auf einer Jolle oder Segelyacht

Gennaker: Asymmetrisch geschnittenes, leichtes Vorsegel

Genua: Vorsegel auf einer Segelyacht, größer als die →Fock

GFK: Glasfaserverstärkter Kunststoff, verbreitetes Material im Serienbootsbau

GPS: Global Positioning System, globales Satelliten-Navigationssystem, gleichzeitig üblicher Begriff für das benötigte Endgerät

Groß: Kurzform für Großsegel, das Hauptsegel einer Jolle oder Segelyacht

Großer Teich: Synonym für den Atlantischen Ozean

Halse: Manöver, bei dem das →Heck eines Segelschiffes durch den Wind gedreht wird

Heck: Hinteres Ende eines Schiffes

Heckkorb: Geländer, meist aus Edelstahl, das das →Heck umgibt

Indik: Indischer Ozean

Kap Hoornier: Jemand, der mit dem Schiff Kap Hoorn umrundet hat

Kartenplotter: Gerät zur elektronischen Darstellung von Seekarten

Kasko: Schiffsrumpf ohne Ausbau

Kentern: Seitliches »Umkippen« eines Segelbootes durch Wind oder Welle. Segelyachten sind gewichtsstabil konstruiert und richten sich im Regelfall von selbst wieder auf.

Ketsch: Eine Segelyacht mit einem größeren vorderen Mast und einem kleineren weiter hinten

Kielwasser: Spur, die ein Schiff im Wasser hinterlässt

Klampe: Fest montierte Vorrichtung an Deck oder am →Steg zum Befestigen von Leinen

Klüver: Kleines Vorsegel vor der →Fock

Knoten: Maßeinheit der Boots- und Windgeschwindigkeit. Ein Knoten entspricht einer Seemeile pro Stunde, das entspricht 1,852 km/h.

Kompositbauweise: Bauweise, bei der verschiedene Materialien miteinander kombiniert werden, zum Beispiel Holz und →GFK.

Koppeln: Eintragen der gefahrenen Kurse in die Seekarte zur Positionsermittlung anhand von Bootsgeschwindigkeit, Richtung, Distanz und Versatz durch Strom und Wind

Kreuzen: Das Segeln in die Richtung, aus der der Wind kommt, indem sogenannte Zickzack-Schläge gefahren werden. Auch: Den Kurs anderer Schiffe kreuzen

Kreuzsee: Seegang aus zwei sich kreuzenden Richtungen

Landfall: Nach der Überquerung eines großen Seegebietes Land sehen und es identifizieren

Laufdeck: Deck seitlich des Kajütaufbaus einer Yacht

Lee: Die dem Wind abgewandte Seite

Leekoje: Liegeplatz unter Deck auf der Seite, zu der sich das Schiff neigt, und aus dem man daher nicht herausfällt

Lifebelt, Lifeline: Sicherheitsgurt, mit dem Segler sich gegen das Überbordfallen sichern. Ein Ende wird am Körper, meist an der Rettungsweste, das andere am Schiff befestigt.

Liveaboards: Englischer Begriff für Menschen, die dauerhaft auf einem Schiff leben

Logbuch: Fahrtenbuch eines Schiffes, in das für die Navigation wichtige Daten wie Wetter, Kurse, Peilungen, Manöver und Geschwindigkeiten eingetragen werden

Luk: Kleines Fenster auf einer Segelyacht

Luv: Die dem Wind zugewandte Seite

Manöverschluck: Getränk nach einem erfolgreichen Manöver, das auf die einstige Sonderration Rum in der Seefahrt zurückgeht. Auch als Anlegeschluck oder -bier bekannt und beliebt

Marina: Moderner Yachthafen mit Serviceeinrichtungen

Missweisung: Effekt des Erdmagnetismus, der die Kompassnadel nicht direkt in Richtung des geografischen Nord zeigen lässt

Mittelcockpit: Eine →Plicht, die nicht ganz achtern auf einem Schiff liegt, sondern weiter mittschiffs und dadurch sehr geschützt ist

Mittwochsregatta: Segelregatta, die in vielen Segelvereinen traditionell am Mittwochnachmittag oder -abend stattfindet

Monsun: Windsystem im Indischen Ozean und Chinesischen Meer, das halbjährlich die Richtung wechselt

Navi-Ecke: Kurzform für Navigationsecke, d.h. für den Navigationsplatz auf einer Yacht, meist bestehend aus einem kleinen Tisch, einer Sitzbank und den Navigationsinstrumenten

Niedergang: Treppe an Bord, die von der →Plicht in die Kajüte führt

Ölzeug: Wasserabweisende Schlechtwetterkleidung

Ozeandünung: Lange Wellen auf dem Meer, die nicht durch unmittelbare Windwirkung entstehen, sondern von einem bereits wieder abgeklungenen oder weiter entfernt wirkenden Windeinfluss stammen

Pactor-Modem: Gerät, das digitalen Datenverkehr, z. B. E-Mail-Versand über Kurzwelle, ermöglicht

Pantry: Küche an Bord einer Segelyacht

Parasailor: Großes Segel für Vorwindkurse mit einem integrierten Gleitschirmflügel

Pass: Bei einem Atoll die Durchfahrt durch das Korallenriff, das die Insel umgibt

Passat(wind): Beständiger Wind zu beiden Seiten des Äquators, der auf der nördlichen Halbkugel aus Nordost, auf der südlichen aus Südost weht

Peilen: Die Richtung zu einem Objekt bestimmen

Plicht: Offener Sitz- und Arbeitsbereich hinter der Kajüte einer Yacht, wo gesteuert wird und die Segel bedient werden

Rasmus: Schutzpatron der Seeleute

Reff einbinden, reffen: Die Segelfläche bei zunehmendem Wind verkleinern

Reffleinen: Am Segel angebrachte Leinen, die zum →Reffen benötigt werden

Refit: Restaurierung eines Bootes

Relingsstützen: Stangen, meist aus Edelstahl, die tragender Teil der Reling sind, eines offenen Geländers rund um eine Yacht

Rigg: Die Takelage mit all den dazugehörigen Teilen

Riss: Konstruktionszeichnung für die äußere Form eines Bootsrumpfes

Ruderdruck: Die Kraft, die auf das Ruderblatt wirkt und sich beim Steuern bemerkbar macht

Schäkel: Kleiner verschließbarer Bügel, meist aus Edelstahl, mit dem Teile aller Art an Bord miteinander verbunden werden, z.B. der Anker mit der Kette

Schapp: Staufach im Boot

Schlag: Eine Etappe beim Segeln

Schmetterling: Ein Segel an →Backbord, eines an →Steuerbord fahren, wenn der Wind exakt von achtern kommt. Erinnert an die ausgebreiteten Flügel eines Schmetterlings

Schot: Leine, mit der ein Segel bedient wird

Seegatt: Durchfahrt zwischen den Inseln der Nordseeküste

Slup, Sluptakelung: Verbreitetste Takelungsart auf Segelyachten mit einem Mast, einem Großsegel und einem Vorsegel

Sprayhood: Klappverdeck aus Segeltuch, das den →Niedergang und den vorderen Teil der →Plicht gegen Spritzwasser schützt

Stag: Drahttauwerk, das den Mast in Längsrichtung hält

Stander: Kleine Dreiecksflagge, die die Zugehörigkeit zu einem Segelverein anzeigt

Steg: Bauwerk oder Ponton in Häfen, an dem Yachten anlegen

Steuerbord: In Fahrtrichtung die rechte Seite eines Schiffes

Stopfbuchse: Zylinderförmiger Durchlass, in dem die Propellerwelle zum Schiffsrumpf abgedichtet wird

Sundowner: (Meist alkoholisches) Getränk bei Sonnenuntergang

SY: Abkürzung für Segelyacht

Terrestrische Navigation: Küstennahe Navigation mithilfe der Seekarte und Peilungen zu Objekten an Land

Topptakelung, toppgetakelt: Takelungsart einer Slup; das Vorsegel reicht bis zur Mastspitze

Törn: Segelreise

Trampolin: Netzbespannung zwischen den Rümpfen eines Katamarans

Trans-Ocean e. V.: Deutscher Verein zur Förderung des Hochseesegelns

Trockenfallen: In Gezeitengewässern bei Ebbe mit dem Schiff auf dem Meeresgrund liegen

Twinkiel: Je ein Kiel zu beiden Seiten der Schiffslängsachse

Übersegler: Seekarte mit sehr kleinem Maßstab, die einen Überblick über ein ganzes Revier gibt und die Planung weiter Strecken ermöglicht

Wende: Manöver, bei dem der →Bug eines Segelschiffes durch den Wind gedreht wird

Windpilot: Name einer windbetriebenen Selbststeueranlage

Vorstag: Draht, der den Mast am →Bug absichert

Yachtie: Legerer Begriff für einen Yachtsegler

Zweimaster: Segelschiff mit zwei Masten

Zyklon: Tropischer Wirbelsturm im Pazifischen und Indischen Ozean

Bibliografische Information der Deutschen Nationalbibliothek
Die Deutsche Nationalbibliothek verzeichnet diese Publikation
in der Deutschen Nationalbibliografie; detaillierte bibliografische
Daten sind im Internet über http://dnb.dnb.de abrufbar.

1. Auflage
ISBN 978-3-667-11075-6
© Delius Klasing & Co. KG, Bielefeld

Lektorat: Birgit Radebold
Fotos: S. 4: Martin Finkbeiner; S. 11: Thomas Müller; S. 12, 19, 25, 30:
privat/Witt; S. 32, 39, 46, 50: Martin Finkbeiner/IVALU-Crew; S. 52, 60,
65, 69, 70: privat/Solka; S. 72, 82, 88: B./U. Strüwing; S. 85: Kay Steinke/
OSTSEE-ZEITUNG; S. 90, 97, 103, 108: Michael Leppert/Birgit Reimann;
S. 110, 117, 123, 128: Privat/ Sylvia Bartnik; S. 130, 137, 148: Christine
Wagner; S. 144: Claus Böhlje; S. 150, 157, 163, 168: Dieter Heller/ Renate
Heller; S. 170, 177, 188: Moritz Herrmann; S. 184: Kristina Müller;
S. 190, 197, 203, 208: privat/Graßhoff; S. 210, 217, 223, 228: Luise
Winkelmann; S. 230, 237, 244, 248: Wolfgang Weber
Einbandgestaltung: Felix Kempf, www.fx68.de
Satz und Layout: Axel Gerber
Lithografie: Mohn Media, Gütersloh
Druck: Kösel, Altusried-Krugzell
Printed in Germany 2017

Delius Klasing Verlag, Siekerwall 21, D - 33602 Bielefeld
Tel.: 0521/559-0, Fax: 0521/559-115
E-Mail: info@delius-klasing.de
www.delius-klasing.de